金剛界曼荼羅（日本國寶・東寺藏）

胎藏界曼荼羅（日本國寶・東寺藏）

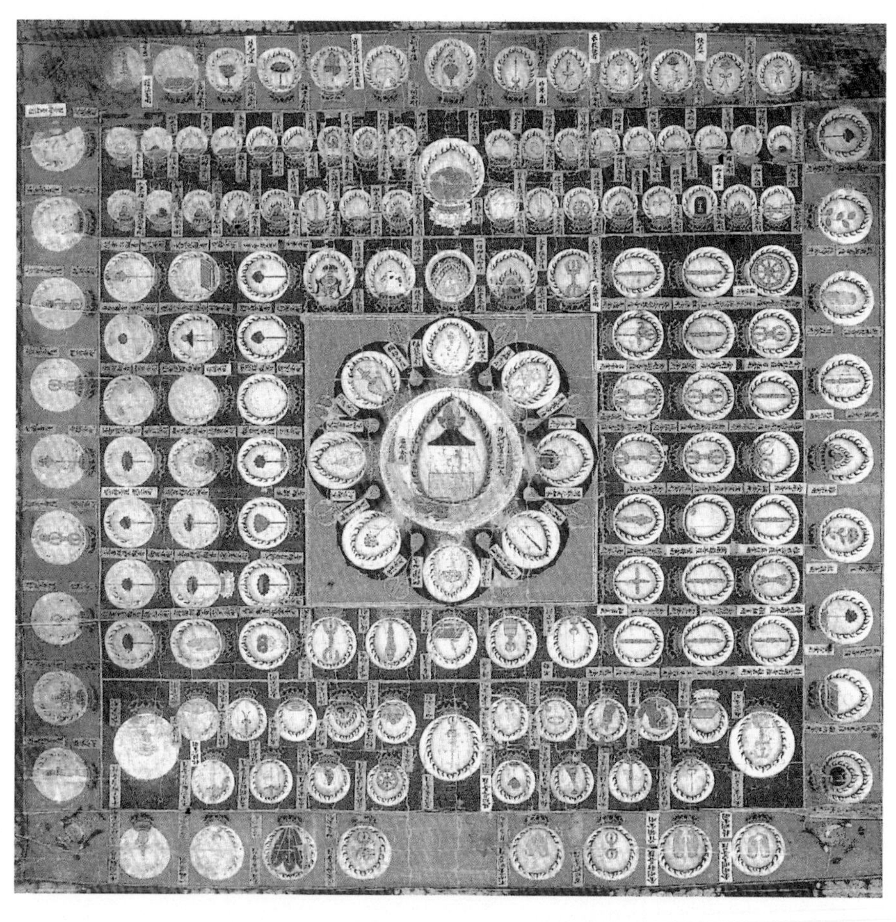

三昧耶曼荼羅－胎藏界（16 世紀・日本室町時代）

種子字曼荼羅一胎藏界（18 世紀・日本國分寺藏）

大佛頂曼荼羅（日本・圓通寺）

佛眼曼荼羅（12 世紀・京都神光院）

法華曼荼羅（13 世紀・日本松尾寺）

寶樓閣曼荼羅（13 世紀・日本鎌倉時代）

摩利支天曼荼羅（18 世紀・中國）

金剛界曼荼羅中的一種
以一切大日如來為中尊的惡趣清淨曼荼羅

胎藏界曼荼羅（西藏薩迦派・十九世紀末）

西藏十一面觀音曼荼羅

西藏大白傘蓋曼荼羅

西藏喜金剛曼荼羅

西藏勝樂金剛壇城

西藏時輪金剛曼荼羅

佛教小百科3

密教曼荼羅圖典 一

總論．別尊．西藏

無盡莊嚴的曼荼羅，
是諸佛聖眾集會的圖像，
本書深入淺出介紹曼荼羅的意義、種類，
並詳列密教曼荼羅中，
極為重要的別尊曼荼羅及西藏曼荼羅，
是所有欲一窺密教堂奧者，
最佳導讀書。

目錄

第1篇 總論

第2篇 別尊曼荼羅

第篇 西藏曼荼羅

出版緣起

佛法的深妙智慧，是人類生命中最閃亮的明燈，不只在我們困頓、苦難時，能撫慰我們的傷痛；更在我們幽暗、徘徊不決時，導引我們走向幸福、光明與喜樂。

佛法不只帶給我們心靈中最深層的安定穩實，更增長我們無盡的智慧，來覺悟生命的實相，達到究竟圓滿的正覺解脫。而在緊張忙碌、壓力漸大的現代世界中，讓我們的心靈，更加地寬柔、敦厚而有力，讓我們具有著無比溫柔的悲憫。

在進入二十一世紀的前夕，我們需要讓身心具有更雄渾廣大的力量，來接受未來的衝擊，並體受更多彩的人生。而面對如此快速遷化而多元無常的世間，我們也必須擁有十倍速乃至百倍速的決斷力及智慧，才能洞察實相。

同時在人際關係與界面的虛擬化與電子化過程當中，我們更必須擁有更廣大的心靈空間，來使我們的生命不被物質化、虛擬化、電子化。因此，在大步邁向新世紀之時，如何讓自己的心靈具有強大的覺性、自在寬坦，並擁有更深廣的慈悲能力，將是人類重要的課題。

生命是如此珍貴而難得，由於我們的存在，所以能夠具足喜樂、幸福，因自覺解脫而能離苦得樂，更能如同佛陀一般，擁有無上的智慧與慈悲。這種菩提種子的苗芽，是生命走向圓滿的原力，在邁入二十一世紀時，我們必須更加的充實。

因此，如何增長大眾無上菩提的原力，是〈全佛〉出版佛書的根本思惟。所以，我們一直擘畫最切合大眾及時代因緣的出版品，期盼讓所有人得到真正的菩提利益，以完成〈全佛〉（一切眾生圓滿成佛）的究竟心願。

《佛教小百科》就是在這樣的心願中，所規劃提出的一套叢書，我們希望透過這一套書，能讓大眾正確的理解佛法、歡喜佛法、修行佛法、圓滿佛法，讓所有的人透過正確的觀察體悟，使生命更加的光明幸福，並圓滿無上的菩提。

因此，《佛教小百科》是想要完成介紹佛法全貌的拚圖，透過系統性的分門別類，把一般人最有興趣、最重要的佛法課題，完整的編纂出來。我們希望讓《佛教小百科》成為人手一册的隨身參考書，正確而完整的描繪出佛法智慧的全相，並提煉出無上菩提的願景。

佛法的名相眾多，而意義又深微奧密。因此，佛法雖然擁有無盡的智慧寶藏，對人生深具啟發與妙用，但許多人往往困於佛教的名相與博大的系統，而難以受用其中的珍寶。

其實，所有對佛教有興趣的人，都時常碰到上述的這些問題，而我們在學佛的過程中，也不例外。因此，我們希望《佛教小百科》，不僅能幫助大眾了解佛法的名詞及要義，並且能夠隨讀隨用。

《佛教小百科》這一系列的書籍，期望能讓大眾輕鬆自在並有系統的掌握佛教的知識及要義。透過《佛教小百科》，我們如同掌握到進入佛法門徑鑰匙，得以一窺佛法廣大的深奧。

《佛教小百科》系列將導引大家，去了解佛菩薩的世界，探索佛菩薩的外相、內義，佛教曼荼羅的奧祕，佛菩薩的真言、手印、持物，佛教的法具、宇宙觀……等等，這一切與佛教相關的命題，都是我們依次編纂的主題。透過每一個主題，我們將宛如打開一個個窗口一般，可以探索佛教的真相及妙義。

而這些重要、有趣的主題，將依次清楚、正確的編纂而出，讓大家能輕鬆的了解其意義。

在佛菩薩的智慧導引下，全佛編輯部將全心全力的編纂這一套《佛教小百科》系列叢書，讓這套叢書能成爲大家身邊最有效的佛教實用參考手册，幫助大家深入佛法的深層智慧，歡喜活用生命的寶藏。

密教曼荼羅圖典——序

當我們看到許多繁複美麗，甚至色彩十分鮮艷的佛教曼荼羅圖像時，卻時常無法了解這些美麗、莊嚴而神秘的佛教圖像背後，所隱藏的深邃意涵及宇宙的奧妙智慧。

這些曼荼羅圖像大多是以方形或圓形的構圖顯現，其中對稱排列了許許多多莊嚴優美的佛菩薩像、法器或是古代的梵文悉曇字等。一般而言，這些圖像一眼望去時，時常能讓人心中混亂的意念心情，逐漸寂靜，接著發出歡喜的心情讚嘆：這真是偉大的宗教傑作！但是這些曼荼羅究竟代表著什麼意義呢？

莊嚴的曼荼羅圖像，展現出宇宙法界的廣大圓滿，微妙而豐美的色彩，正顯示出心靈中最究竟的光明。當我們一心的注視著曼荼羅時，彷彿攝入了廣大殊勝的清淨聖域，我們的心靈在剎那間彷彿被淨化了，不只所有的妄想煩惱止息，我們的心也變得那麼安然自在。

曼荼羅，是諸佛、菩薩、聖者，與我們相互交會的聖域。透過曼荼羅，諸佛菩薩顯現了他們的實相、誓願、心要與淨土，讓我們能夠完全與他們交會。

曼荼羅（梵名maṇḍala），一般而言，是指把佛菩薩的尊像及代表心要的梵文種子字、表示本誓的三昧耶形，及在各種因緣場域中的行動，用一定的方式加以配置排列，所顯現的圖樣。

曼荼羅有時又譯爲「曼拏羅」、「曼陀羅」等。意譯則是壇場、中圍或壇城。曼荼羅在語意上，有獲得心髓或本質的意思，這即是指獲得佛陀的無上正等正覺之意。而曼荼羅也是真理的表徵，正如同圓輪一樣圓滿無缺，因此也有譯爲「輪圓具足」的。同時曼荼羅也被認爲是「證悟的場所」或「道場」之意，所謂道場則是設置壇場以供如來、菩薩聚集的場所。因此，聚集佛菩薩的聖像於一壇，或描繪諸尊在一處的形式或圖像，都稱之爲曼荼羅了。

一般的曼荼羅在外相的表現上，主要有四種類型：

一、法曼荼羅：這是將代表諸尊心要的梵文種子字，依各種曼荼羅的形式加以排列配置，稱爲法曼荼羅，也稱爲種子曼荼羅。

二、三昧耶曼荼羅：這是以諸尊的本誓顯現所成的持物，以各種曼荼羅的方式，加以排列配置而出，稱爲三昧耶曼荼羅。在密教中，諸尊的持物，也稱爲「三昧耶形」，因此圖繪這些三昧耶形的曼荼羅，就稱爲三昧耶曼荼羅。

三、大曼荼羅：將佛菩薩等諸尊形相，描繪所成的曼荼羅，稱爲大曼荼羅。一般我們所見到的曼荼羅，多是以這種曼荼羅爲主要表現型式。

四、羯摩曼荼羅：將佛菩薩諸尊的供養、救度等行動的形相，描繪所成的曼荼羅，稱爲羯摩曼荼羅。此外，有時以立體雕像所成的曼荼羅，也稱爲羯摩曼荼羅。

當然，曼荼羅在深層的結構中，還有屬於自性、觀想等各種的曼荼羅，我們在本書中也有詳明的介紹，但在一般由外相所描繪的曼荼羅，則是以這四種曼荼羅爲主。

在讚嘆曼荼羅的莊嚴之餘，有時也不禁讓人懷疑，這麼繁複、莊嚴而美麗的佛像圖案，是要花費多少精神、時間與完美的技巧，才能完成？尤其是許許多多，用純金、純銀所描繪出的莊嚴圖像，更讓人不禁讚嘆創作者的誠心。更難得的是，有些曼荼羅的圖像雖然是那麼華麗、細密與繁複，但是卻一點也沒有浮奢的感覺，只是讓人感到調和與安適，更爲他們滿心的精誠所感動。

但這時大家也不免苦惱了，因爲面對這麼莊嚴繁複的曼荼羅圖，時常根本無法理解，這些圖畫外相的微妙及其內在的意義，讓大家心中生起或多或少的困惑。到底這些身相各異的佛菩薩及護法、天神，到底是誰？爲何會安立在圖中某些特別的位置？他們的功德、意義爲何？那些法器或梵字到底在表示什麼？圖畫的顏色或形狀，爲何要如此表現？這些都讓人想一探究竟。

其實這些疑惑，都是可以解釋的，而當我們理解了每一張曼荼羅圖的意義後，我們將不只會讚嘆這些圖畫的莊嚴優美，也更能體會這些圖畫背後的偉大思想及不可思議的境界。如果我們能如此體會，不只能在心中留下永恆的美感，並且將對我們的人生深具啟發的作用，對修行者將有更微妙精深的指引。

在「密教曼荼羅圖典」系列中，我們懷著歡喜而莊嚴的心境，揭開曼荼羅的神秘面紗，並祈願透過正確的說明與分析，能讓大家完整的了解曼荼羅的真正意義，並解明各種曼荼羅的形像表徵、曼荼羅中的諸尊本誓、因緣及心要。讓大家在深入分辨明瞭各種曼荼羅的形像及意義的同時，進而增長自己的生命智慧，幫助修行的圓滿。

曼荼羅在佛教的密法中，占有極重要的地位，每一種曼荼羅就是一次諸佛菩薩的共聚法會。其實，我們人生的每一幕、每一場景，如果將之昇華清淨了，不就是一會一會的曼荼羅嗎？因此，欣賞曼荼羅，也是學習生命中每一種過程的圓滿。透過理解諸佛菩薩的曼荼羅，希望全法界、全宇宙，能成爲究竟圓滿的全佛曼荼羅。祈願讓我們共同成爲無上的佛陀，共同聚會在一起。

凡例

曼荼羅佛像尊容的解析

在密教曼荼羅中，我們可以見到各種佛像的尊容。在這些尊容中，主要可以分為以下四類：

1. 如來形
2. 菩薩形（男、女尊）
3. 明王形
4. 天人形（男、女尊）

在這些諸尊形相中，他們以各種手印與持物，來表現各自的本誓與悟境。因此，我們透過諸尊的基本形像與手印、持物等，就能判別諸尊的圖像。

在密教曼荼羅中，許多的佛像，已經不是只有一面二臂而已，更開始顯示出多面多臂乃至忿怒的形相，其實這樣的形相，多是表現甚深的智慧與慈悲，乃至救度廣大眾生的悲願。尤其是爲了降伏惡性眾生，所顯示的忿怒明王像，及後期無上瑜伽部的秘密金剛像，其實都是由極深的大悲、智慧所示現的。

在此，先行將曼荼羅諸尊的基本形像，做圖示解析，希望能幫助大家更理解觀察各種曼荼羅。

◉如來形

一般的佛陀形像都是身穿衲衣，身上並沒有瓔珞等裝飾品，但身具三十二相八十種好，顯現具足無上菩提的智慧。一般而言，在金剛界與胎藏曼荼羅中，除了大日如來之外，都是以出家的形相出現。而在無上瑜伽部當中，報身佛也有如同大日如來一般，以身穿大衣、瓔珞，並具有髮飾頭冠的菩薩形出現。

【特徵】

肉髻……上具無見頂相是無上智慧的象徵。

肉髻珠……智慧光明的象徵。

螺髮……渦捲型的毛髮。

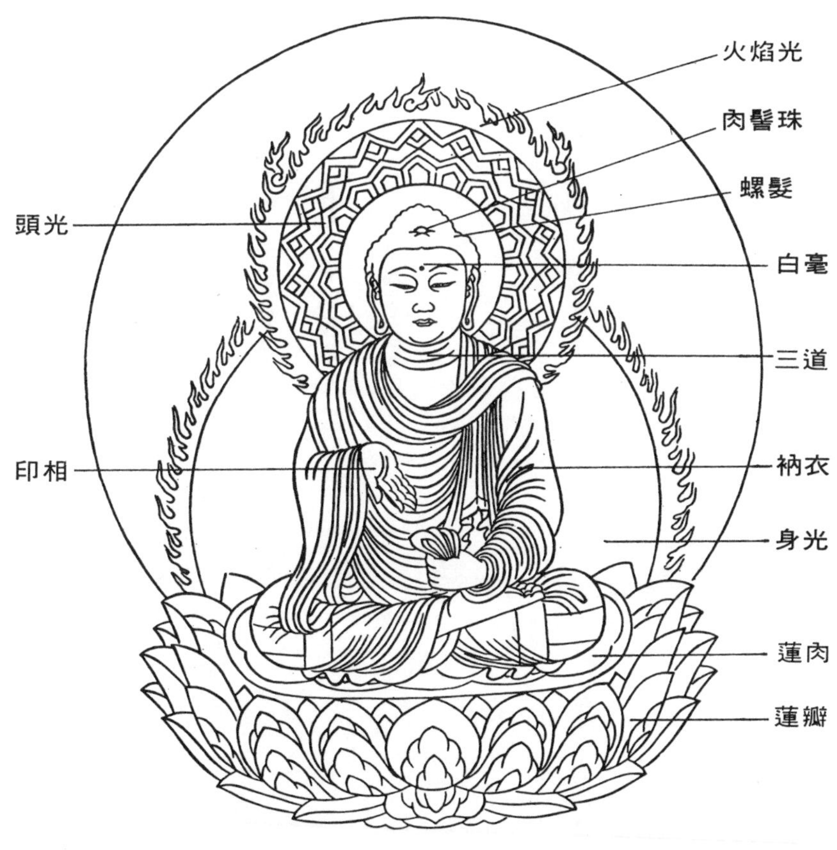

如來形——開敷華王如來

白毫……額前所生，長一丈五尺的渦捲白毛，是智慧光輝象徵。

三道……頸上的三道紋路。

衲衣……出家人身上所穿的衣服。

印相……手指相結成印契，以表達悟境，如阿彌陀佛所示是彌陀定印。

蓮台座……包含蓮肉與蓮瓣，表示超越染污的清淨境界。

頭光、身光……定力、智慧光明的表示。

焰光……清淨光明以火焰的光輝來示現。

⊙菩薩形

菩薩一般皆以在家相示現，身穿天衣、瓔珞、臂釧等莊嚴，表示具足無盡的妙德。

【特徵】

寶髻……寶冠上，頭髮結髻的髮型。

寶冠……代表誓願的象徵（如：觀音寶冠上有化佛的示現）

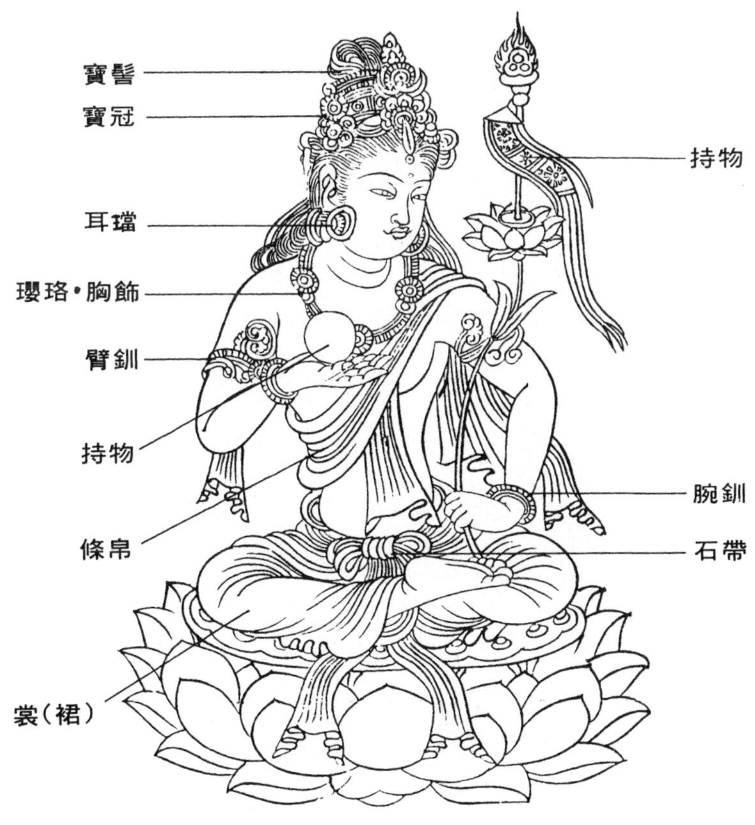

菩薩形（男尊）— 地藏菩薩圖像

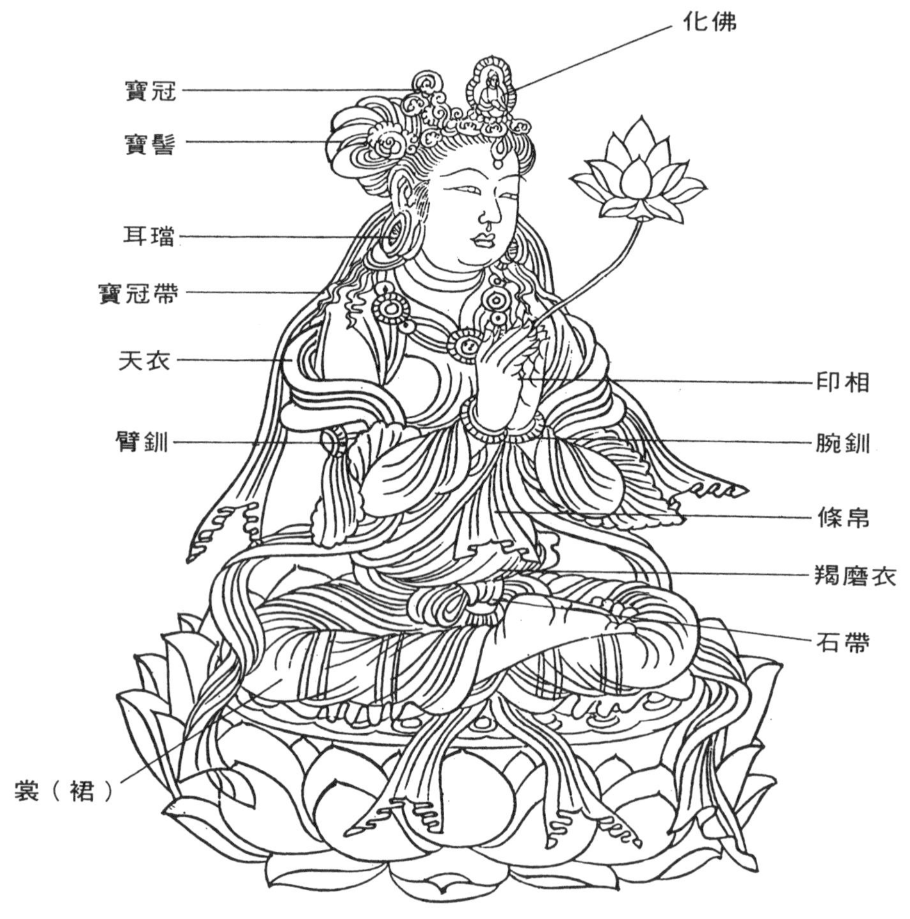

菩薩形（女尊）—多羅菩薩圖像

寶冠帶……天冠的帶飾。

耳璫……耳飾。

胸飾與瓔珞等……瓔珞原本常以花串來表現，後來則多為胸飾與垂下的瓔珞飾物。

臂釧……臂上的環飾。

腕釧……腕的環飾。

持物……為誓願的象徵法具或武器。

印相……代表悟境的手印。

天衣……肩上的帶衣。

條帛……上半身所著條狀之布。

裳（裙）……下半身所著的衣服。

羯磨衣……上半身所著的衣服。本來為工作的作務衣服，以女尊穿著居多。

石帶……即腰帶，由於本來多以寶石為腰帶，故稱為石帶。

◎明王形

示現爲忿怒尊，以降伏惡性眾生。常手持武器，並示現多面多臂。

迦樓羅焰光……以金翅鳥的頭形為焰光。

怒髮……示現忿怒上揚的髮型。

腰布……裙的一種，簡單的纏腰之布。

裳（裙）……下半身所著的衣服。

持物……在此例中有戟、輪、劍、棒等。

瑟瑟座……一種岩座，又稱為磐石座。

◎天部形

在佛教中諸天皈命佛陀，常成爲佛教的守護神。

有時諸天身著甲冑，手持武器，以威怒守護的姿勢出現。有些天部的男尊，

明王形—閻曼德迦明王

則身穿羯磨衣，或以菩薩形示現。而女尊中如功德天身著羯磨衣，辯才天則以菩薩形示現。

【特徵】

寶冠（冑）

甲……守護肩、胸、腹、脛等身體部位。

持物……此例中的武器與法器為寶棒、寶塔。

天衣……本來為輕絲的肩掛之衣，現在則以腰帶表現。

袖……甲冑之下所穿的衣袖。

沓……為朝儀、佛事時所穿的鞋子，以木草、絲麻、皮革等材料所製成，有烏皮沓，絲鞋、麻鞋、深沓、淺沓等不同種類。

吉祥座……以吉祥草為座具。

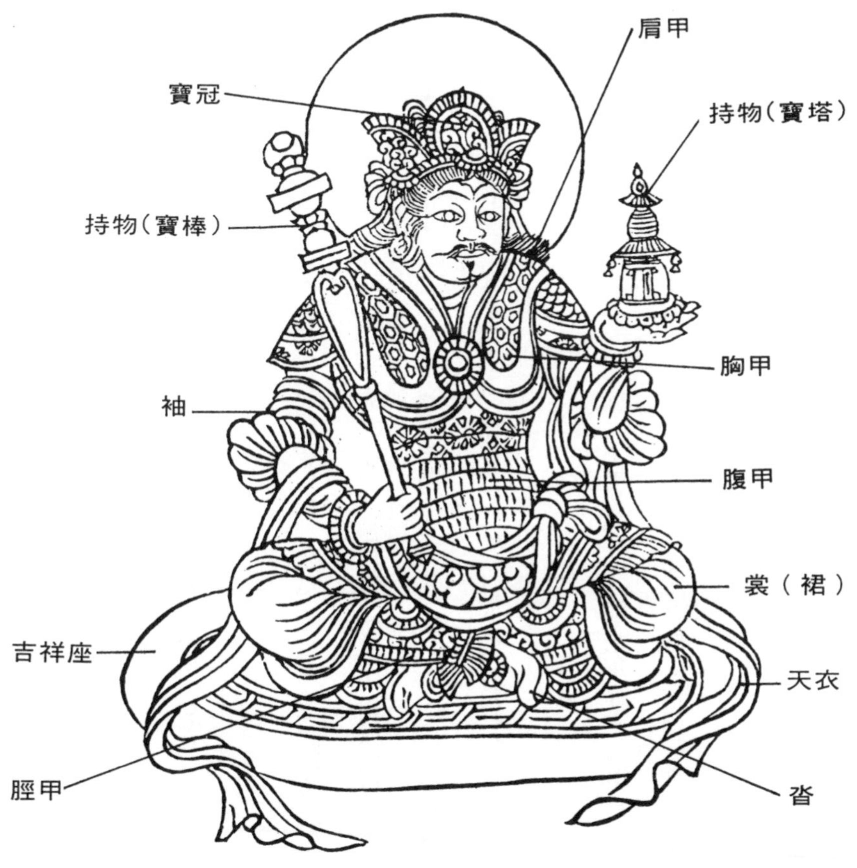

天部形—毗沙門天圖像

⊙常見的諸尊持物

蓮華主要分蓮與睡蓮二種。蓮花中赤色的稱爲鉢頭摩（padma）、白色的稱爲芬陀利迦（pundarika）。

據印度史詩摩訶婆羅多（梵 Mahabharata）所述，天地開闢之始，從毗濕奴（梵 Visnu）的臍中生出蓮華，華中有梵天，結跏趺坐，創造萬物；又毗濕奴及其配偶神皆以蓮華爲表徵，或以蓮華爲多聞天（梵 Kubera）之七寶之一。佛教亦珍視之，所以佛教中佛及菩薩大多以蓮華爲座。常見的蓮華有以下幾種，各象徵不同的意義。

1.赤蓮華（鉢頭摩）：印度自古以來，即視此花爲水生植物中最高貴之花，於佛典中，也常被譽爲七寶之一，與拘物頭華、優鉢羅華、芬陀利華並舉，常爲佛菩薩之寶座，或菩薩手執之物。

2.白蓮華（芬陀利迦）：由於蓮華出污泥而不染，而以白蓮華喻爲不被煩惱

3. 開敷蓮華

2. 初割蓮華

1. 未開敷蓮華

2. 三鈷杵

1. 獨鈷杵

4. 羯磨杵

3. 五鈷杵

常見的諸尊持物

污染之清淨無垢的法性。

3.青蓮華（優鉢羅）：睡蓮中以青色者最爲著名，即尼羅烏鉢羅華（nilot-pala）。在經典中，常以其葉來形容佛眼之微妙，以其花來比喻口氣之香潔。

又以蓮華的開合狀況來作以下分類：

1.未開敷蓮華（含苞的蓮華）：喻眾生的含藏菩提心。

2.初割蓮華：蓮華初開時，喻眾生初發起菩提心，表其必能修習善行，證菩提果。

3.開敷蓮華：蓮華開敷，花果具足，亦表證悟果德，智慧福德莊嚴具足。

金剛杵

又稱金剛智杵，音譯跋折羅（vajra）。由於質地堅固，能摧破各種物質，故冠以金剛之名。密教中，金剛杵象徵摧碎煩惱之菩提心，爲諸尊的執持物或修法的道具。

最初金剛杵尖端銳利，直到轉用爲法具，其形狀改變很多。質材有金、銀、銅、鐵、石、水晶、檀木、人骨等，長門指、十指、十二指、十六指、二十指不等；依形狀來分，可分為獨鈷、三鈷杵、五鈷、人形杵、羯磨杵、金剛杵、塔杵、寶杵等。

1.獨鈷杵：兩端單獨者稱為獨鈷杵，為最古的形式，象徵獨一法界。

2.三鈷杵：兩端分為三枝者，稱為三鈷杵，象徵身、語、意三密、三身或三部（佛部、金剛部、蓮華部）。通常稱「嚩日囉」者，一般係指三鈷杵。

3.五鈷杵：兩端分為五枝者，稱為五鈷杵，象徵五智五佛，一般法會最常使用的是五鈷金剛杵。

4.羯磨杵：屬於輪寶，又作十字金剛杵，係以三鈷杵組合成十字形，置於大壇四隅，以此象徵諸佛本具之作業智。三鈷在四方，係「三」乘以「四」，表摧破十二因緣之義。

◉密教的基本手印

密教之手印極多，通常以十二合掌及四種拳為基本印，其十二合掌、四種拳如下：

3. 未敷蓮合掌

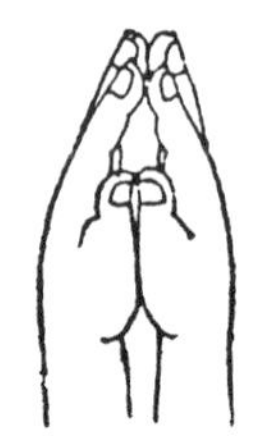
2. 虛心合掌

1. 堅實合掌

6. 持水合掌

5. 顯露合掌

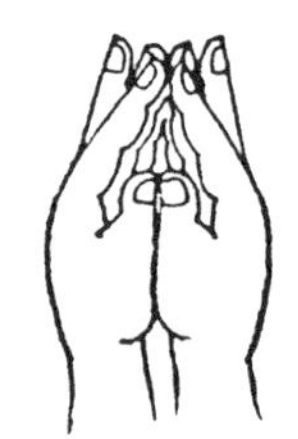
4. 初割蓮合掌

9. 反背互相著合掌

8. 反叉合掌

7. 歸命合掌

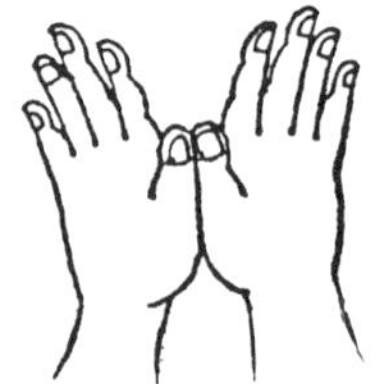
12. 覆手合掌

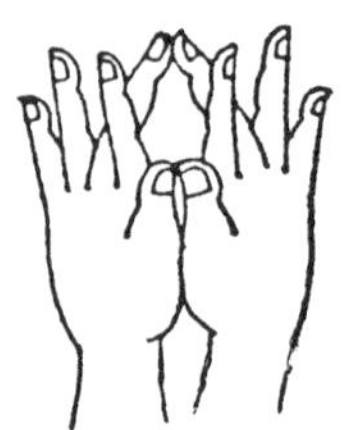
11. 覆手向下合掌

10. 橫拄指合掌

十二合掌

1.堅實合掌：合掌，掌中堅相著，十指微離。
2.虛心合掌：十指齊等，頭相合，掌心微開。
3.未敷蓮合掌：如前，空掌內，使稍穹。
4.初割蓮合掌：二地二空並相著，餘六指散開，即八葉印也。
5.顯露合掌：仰兩掌相並，掌心向上。
6.持水合掌：並兩掌而仰，指頭相著，稍屈合之，如掬水，似飲食印也。
7.歸命合掌：合掌，十指頭相叉，以右加左，如金剛合掌也。
8.反叉合掌：以右手加左，反掌，以十指頭相絞，亦以右手指加於左手指上。
9.反背互相著合掌：以右手仰左手上，以左手覆在右手下，略似定印。
10.橫拄指合掌：仰二手掌，令二中指頭相接。
11.覆手向下合掌：覆兩掌，亦以二中指相接。
12.覆手合掌：並覆兩手，以二大指並而相接，十指頭向外。

四種拳

1.爲拳，大指豎於外，名「蓮華拳」，又名「胎拳」。

2.大指在掌中爲拳，名「金剛拳」。

3.叉合二手作拳，十指頭出外，名「外縛拳」。

4.十指相叉，頭入於掌內，名「內縛拳」。

1. 蓮華拳（胎拳）

2. 金剛拳

3. 外縛拳

4. 內縛拳

第1篇

總論

第一章 曼荼羅的起源與發展

曼荼羅名稱的由來

曼荼羅（梵名 maṇḍala，藏名 dkyil-ḥkhor）在古代印度，原指國家的領土和祭祀的祭壇。但是現在一般而言，是指將佛菩薩等尊像，或種子字、三昧耶形等，依一定方式加以配列的圖樣。又譯作曼拏羅、滿荼羅、曼陀羅、漫荼羅等。意譯爲壇城、中圍、輪圓具足、壇場、聚集等。

曼荼羅的梵語 maṇḍala，是由意爲「心髓」、「本質」的 maṇḍa，以及意爲「得」的la所組成的。因此「曼荼羅」一詞即意謂「獲得本質」。所謂「獲得本質」，是指獲得佛陀的無上正等正覺。

由於曼荼羅是真理之表徵，猶如圓輪一般圓滿無缺，因此也有將之譯爲「圓輪具足」。另外，由於曼荼羅也被認爲有「證悟的場所」、「道場」的意思，而道場是設壇以供如來、菩薩聚集的場所，因此，曼荼羅又有「壇」、「集合」的意義產生。因此，聚集佛菩薩的聖像於一壇，或描繪諸尊於一處者，都可以稱之爲曼荼羅。

在《大日經》卷一〈入曼荼羅具緣真言品〉中，說明了曼荼羅的意義。經中說：「爾時，金剛手秘密主復白佛言：『世尊！當云何名此漫荼羅？漫荼羅者，其義云何？』

佛言：『此名發生諸佛漫荼羅，極無比味，無過上味，是故說爲漫荼羅。又，秘密主！哀愍無邊眾生界故，是大悲胎藏生漫荼羅廣義。』」

這說明曼荼羅是最精醇無比的境界，也是諸佛爲了慈悲一切眾生，所發生的境界。所以說是「大悲胎藏生曼荼羅」，而這也就是我們一般所知的「胎藏界曼荼羅」。

而在藏文《大日經》的〈建立曼荼羅真言秘密藏品〉中則說：「曼荼（maṇḍ）名爲胎藏，羅（la）是完成義。」

此外，在《大日經疏》中，依《大日經》而說明曼荼羅有種種意義。在《大日經疏》卷四中說：「當何名此漫荼羅也？又漫荼羅是輪圓之義，今既限局名數，似於理未圓。（中略）夫漫荼羅者是發生義，今即名爲發生諸佛漫荼羅也。下菩提心種子於一切智心地中，潤以大悲水，照以大慧日，鼓以大方便風，不礙以大空空。能令不思議法性芽，次第滋長。乃至彌滿法界，成佛樹王。故以發生爲稱。」

在此以曼荼羅爲輪圓具足的法界圓壇、普門無限，法界諸尊如輪圓般環繞於大日如來，輔弼大日如來，使眾生趣入於普門曼荼羅。

另外，以發生之義而言，即是發生諸佛曼荼羅，能下菩提心種子於一切智慧心地中，長養佛種，而彌滿法界，出生佛樹王，圓滿佛果。

此外，梵語中maṇḍa，也有精煉乳酪爲醍醐之義。在《大日經疏》卷四中又說：「次答義中，梵音漫荼羅，是攢搖乳酪成蘇之義。漫荼羅是蘇中極精醇者，浮聚在上之義。猶彼精醇不復變易，復名為堅。淨妙之味共相和合，餘物所不能雜，故有聚集義。是故佛言：『極無比味，無過上味。是故說為漫荼羅也。』以三種祕密方便，攢搖眾生佛性之乳，乃至經歷五味成妙覺醍醐，醇淨融妙不可復增，一切金剛智印同共集會，於真常不變甘露味中最為第一，是為漫荼羅義也。」

因此曼荼羅代表佛果的醇淨融妙，是極無比味、無過上味。是真常不變甘露味中，最為第一的。

除此之外，曼荼羅更有聚集之義，是一切金剛智印的同共集會。而後世密教認為，曼荼羅主要是聚集之意，也就是諸佛、菩薩、聖者所居之處。在印度以築土壇，並在其上繪出諸尊，而在事後，再行破壞為主。而在我國及日本，則專用紙帛來繪出諸尊曼荼羅。

曼荼羅的起源與發展

古代印度素有唱唸呪句（dharaṇi，陀羅尼）、結印契（mudra，印相）的修法。對於此種修法，佛陀曾嚴禁其弟子修習，但後來有所開許。到了大乘佛教時代，呪術在經典之中漸次出現，蘊含了密教發展的初機。

依據漢譯經典看來，呪句始見於三世紀的經典，三世紀末到四世紀初期，述及身、口、意三密及呪句的經典已經出現。而在四世紀中期，如觀音呪法等，已經在呪語上附上了尊名。到了四世紀末期，如《觀佛三昧經》所示，觀想法已經頗爲詳細。

另一方面，從二世紀末至三世紀，大乘佛教興起，《淨土經》、《法華經》、《華嚴經》等大乘經典逐漸成立，並出現甚多如來、菩薩及諸佛淨土。在《華嚴經》中，以教主毗盧遮那佛爲中心的蓮華藏世界，呈現出廣大的宇宙觀。而三十三身觀音、梵天、帝釋天、毗沙門天、八部眾等尊像，也多呈現出多面多臂的造像。

此外，曼荼羅的觀念，在佛教中極早就出現了。在佛教律典中，顯示佛教初期，爲了避免不淨，所以有在各種場合，製作曼荼羅者。

如在《摩訶僧祇律》卷十六中說：「心受念者，有登瞿國，是邊地邪見人。惡比丘故不授食，爾時當滿荼邏（曼荼羅）規地作相。」這是顯示像在登瞿國的邊地邪見人處，要規地作相，來製作曼荼羅，以防護不淨。

結界與曼荼羅的開展

在佛法中，爲了使修行人能在沒有障礙的環境中，如法修行。會劃定一定的區域，來從事修持活動，稱爲結界（梵名 simābandha）。

而結界在密教中受到更大的重視，不管是修法時，或曼荼羅上，都可見到密法的結界。密教的結界法，是密教在修法時，爲了防止魔障侵入，劃一定之地區，以保護道場與行者，也稱爲結界、結護（結界護身之意）。

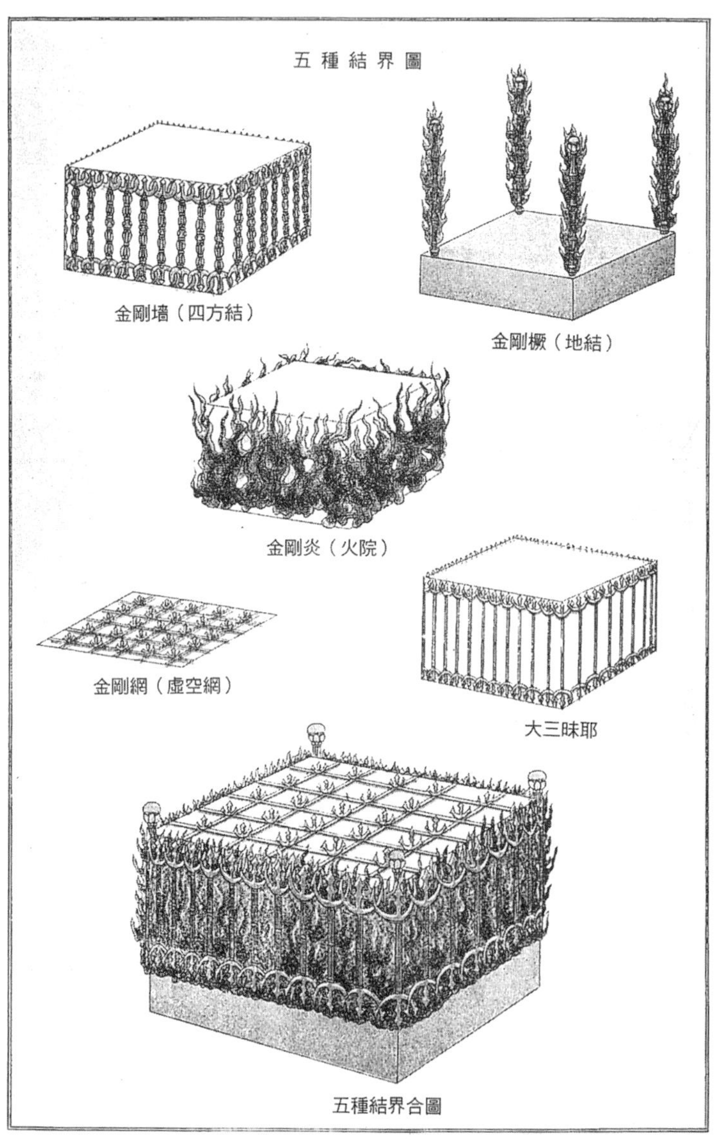

五種結界合圖

密教的結界方法有許多種，依據《不空羂索經》卷二、《陀羅尼經》卷一等記載，可加持白芥子，並散之於四方上下作爲結界。《蘇悉地經》卷下〈供養品〉則說，以地方界、空界、金剛牆、金剛城等真言來作爲結界。

在結界時，不但要選擇清淨之地，而且常隨著場地的條件，而形成各種形狀的界相，此對曼荼羅的開展似乎有某種程度的影響。

一般密教修法常用的結界，多依據《陀羅尼集經》卷二、《軍荼利儀軌》等的教說，而實行下列之五種結界，即：(1)地結，又稱作金剛橛，立橛於大地之上。金剛橛的根部有些認爲到金輪際，有些認爲到水輪際。(2)四方結，又稱作金剛牆，在四方建立金剛牆。(3)虛空網，又稱作金剛網，是以金剛網張於虛空之上，而網端垂於金剛壇上。(4)火院，又稱作金剛炎，以火炎旋遶在彼空網四周，可退除天魔波旬的障難。(5)大三昧耶，爲前述火院以外的總結界。

上述的五種結界，在修法時各依據所屬的部別，而結誦該部部主明王的真言印明。即佛部用不動明王的印明，蓮華部用馬頭明王（或大威德明王）的印明，金剛部用降三世明王的印明，寶部用軍荼利明王的印明，羯磨部則用無能勝明王

（或金剛夜叉）的印明。

結界區域的廣狹，依據經軌的說法，極大者可至一千由旬，其次九百、七百、五百、三百、一百，乃至一由旬，小者或至七肘、五肘、三肘、一肘等量，乃至於一手掌、一指甲的大小。這都是以行者自心的廣狹而建立壇場的界區。然而實際修法時，常侷限於修法壇的四周，或是以道場的殿堂爲結界區域。

結界的形狀，多依所修的法門而有異，如修息災法時，採用圓相，修增益法時用方相，修降伏法時用三角相，修敬愛法時用蓮花相。此外，密教的結界也以事、理而分別爲二種。如依據前述所說劃定區域、並結誦印明等實際作法，即屬於「事結界」；如行者僅以觀想之法完成結界，則屬於「理結界」。

密教的結界，後來發展到極細密、完整，在意義及事相上，都遠比原始佛教時複雜。不過，在密教的結界法門中，也可從早期佛教中，發覺到傳承因緣。

在《善見律毗婆沙》卷十七中，有五種結界相的說法，這是如來爲比丘制定的結界法，是在比丘作法事、行布薩、建塔寺時，於空地、山林、水邊，隨著場地的廣、狹、大、小結界，而立下界相。依結界所呈現的形相，可分爲五種，即

：⑴方相，即結界之處，其形方式。⑵圓相，即結界之處，其形團圓。⑶鼓形相，即結界之處，如同鼓形。⑷半月形相，即結界之處，如半月之形。⑸三角相，即結界之處，其形爲三角。

方形、圓形、鼓形、半月形及三角形，五種結界相，與《大日經》中地大、水大、空大、風大及火大的表相，十分一致。也是五輪曼荼羅，乃至其餘曼荼羅、土壇、火供壇的基本形相。曼荼羅的造立，是否從此發展而出？是極爲有趣的觀察。

此外，這五種結界相如果四方或一方有長流的水，則以水爲界相，如果無水源或水不常流，則不可作爲界相。有時以樹爲界相，但是如果枯朽之樹及不相連者則不可以；有的則以路爲界相，如果斷絕的路也不可以；有的則以石爲界相，如果是散漫的石頭也不可。如果沒有水與樹等，則應當立石或種樹於四邊，作爲界相。

如此擇地結界，依自然物立壇，似乎開啟了密教擇地造壇及啟建曼荼羅的因緣。

初期的曼荼羅

在佛教律典中記載，早期爲了避免不淨，而有在各種場合製作曼荼羅之事。如在《有部毗奈耶雜事》卷十三中說：「諸苾芻於不淨地縫刺其衣，遂便垢污。佛言：『應以牛糞淨拭其地，作曼荼羅，待乾淨已，於上作衣。』」但是因爲牛糞難得，所以佛陀又說：「應以水灑其地，淨掃置衣。」

這是說明在不淨垢污的地方，縫製衣服，爲了使衣服不至垢損，所以佛陀教導大眾，用牛糞淨拭其地作曼荼羅。如果牛糞難得，便用水灑淨地來替代。

除了淨地之外，在律典中還有比丘運用釘撅地羅木，以五色線結界，並作曼荼羅、火壇，修法誦咒，以取伏藏的情形。在《有部毗奈耶》卷三中說：「苾芻意欲取彼有主伏藏。從床而起整帶衣服，作曼荼羅於彼四方釘撅地羅木，以五色線而圍繫之，於火鑪內然諸雜木，口誦禁呪作如是言。」

除此之外，在小乘的禪修論典《解脫道論》及《清淨道論》中，論及地遍一切處的修法時，也明示了地曼荼羅的製作方法。

在《解脫道論》卷四〈行門品〉中說：「以規作圓，圓內平滿無有痕跡，然後以泥泥地不雜餘色，以別色不雜於地應安。乃至未燥當覆守護，若至燥時以異色界其外。或如米篩大，或如搔牢大，或圓、或方、或三角、四角，應當分別。本師所說：『最勝圓作曼荼羅，若於衣、若於板、若於壁處，皆作曼荼羅，於地最勝。』」

這是說明地曼荼羅的製作，可在衣服、木板、牆壁乃至地上都可作曼荼羅，其中以地最佳。

而地曼荼羅是用不雜的純金泥土來塗製，以圓形的曼荼羅爲最勝，但是方形、三角、四角形的也有。

在《清淨道論》卷四〈說地遍處品〉中也說：「當在寺院的邊隅隱蔽之處，或山窟或茅庵中而作可移動的或固定的（曼荼羅）。

可移動的是在四根棒所組合的中間縛上一塊布片或皮革、或席片，再用除去草根、石子、沙粒而善加揉捏了的泥塗到那上面，當作如前所說的篩和升那樣大而圓形的。在其遍作（準備）之時，當放在地上觀看。

固定的是先打諸椿於地中，然後以蔓草標織起來，作成蓮蓬那樣的圓形。

如果適合作遍的泥土不夠，可於下面放一點別的泥，再於上面塗以極清淨的黎明色的泥，當作一張手又四指的直徑的圓形。這便是說關於米篩或米升那樣大的。

『有限而非無限』等是依遍的劃定而說的。如是依上面所說之量而劃定後，若以木掌拍之，則會現起異樣之色，故不宜取用，應以石掌磨之，作成鼓面一樣的平坦。」

這裏所作的曼荼羅相（遍）與《解脫道論》都說是米篩一樣大，這大約是八寸至一尺的圓周大小。

當曼荼羅做好後，則坐在曼荼羅前觀想修行地遍處觀。

而在五世紀中期至六世紀末的譯典中，可以看到言及築造七重界大壇的結界法。在六世紀前半時，梁譯《牟梨曼荼羅呪經》中，呪語及壇場作法已經頗爲齊備。而經中所載的壇場本尊及其眷屬的畫像法，則是「別尊曼荼羅」的起源。

此外，更有示現忿怒相的多面多臂像，以及修習增益（方）、息災（圓）、降伏（三角）等法的護摩火壇。

而近年來，在喀什米爾發現此經的梵文寫本（約成立於五至六世紀），可知印度於此時期已有這樣的曼荼羅。

各種曼荼羅的形態

在印度，要製作曼荼羅時，首先是擇地，再於土地的四隅立椿，繞線結界，界中鋪上清淨泥土。接著築壇，其表層塗抹白土，安置諸尊。由於修法結束後，須將壇毀壞，所以印度沒有曼荼羅壇的遺品留存。

然而西藏的曼荼羅，多是壁畫，中國與日本的曼荼羅，多彩繪於絹紙上，或是以金銀泥描繪。在舉行灌頂儀式時，壇上掛著的是敷曼荼羅。四種曼荼羅之中，描繪尊像的大曼荼羅，最爲常見。

這些曼荼羅可以分爲「兩界曼荼羅」與「別尊曼荼羅」兩大類。兩界曼荼羅是金、胎兩種曼荼羅組成的大總台曼荼羅。別尊曼荼羅是依修法的目的而有不同的本尊，及其他諸尊的曼荼羅。依所立的本尊之不同而有如次數類：

(1)以如來爲本尊：法華、請雨經、寶樓閣、菩提場曼荼羅等。

(2)以佛眼、佛頂爲本尊：佛眼、一字金輪、六字經、尊勝曼荼羅等。

(3)以菩薩爲本尊：如意輪、八字文殊、彌勒、五大虛空藏、五祕密曼荼羅等。

(4)以明王爲本尊：孔雀經、仁王經、愛染、十二天曼荼羅等。

(5)以天爲本尊：閻魔王、童子經、吉祥天、北斗曼荼羅等。

(6)垂跡曼荼羅：春日、山王、熊野曼荼羅等。

曼荼羅傳入中國

我國在南北朝至隋代時，已經出現了請雨法、十一面觀音法及其畫像法。在七世紀初期（初唐時），出現爲觀想金剛界本尊而修的印度教瑜伽觀法。爾後，觀想愈發盛行。在七世紀中期的《陀羅尼集經》中，有集合諸尊的普集會壇、各種諸尊法，及由佛部、金剛部、觀音部三部構成的大曼荼羅。

而在八世紀時期，菩提流志譯的《不空羂索神變真言經》及《一字佛頂輪王經》中，中尊雖然仍是釋迦如來，但從其他諸尊的配置，可以看出胎藏曼荼羅的成立已經逐漸形成了。

就這樣，隨著時代遷移，以壇爲中心的個別的曼荼羅，逐漸變成了集合體。七世紀中期，《大日經》成立，其後出現以《大日經》爲基礎而繪成的胎藏曼荼羅。

接著，從七世紀至八世紀初，成立了《金剛頂經》，隨後也出現根據它而描繪的金剛界曼荼羅。

從此時期開始的密教，亦即以大日如來爲中心的密教，被稱爲「純密」。而在此之前的密法，則稱爲「雜密」。

純密在唐朝時期，迅速地整理統合，成立由胎藏界、金剛界兩種曼荼羅組成的兩界曼荼羅。後來由惠果阿闍黎傳予入唐的日僧空海大師，而成爲流傳於日本的「現圖曼荼羅」。

現圖曼荼羅

現圖曼荼羅即屬形象曼荼羅之一種。現圖曼荼羅，又稱爲隨機曼荼羅，是指將諸尊尊形及列位，繪製成圖以傳世的曼荼羅，或僅指金、胎兩界曼荼羅，爲日本密教用語。

關於「現圖」的名義，據長宴《四十帖》所記載，相傳在我國唐代，由於善無畏三藏的祈請而現圖於空中，所以稱爲「現圖」。另一種說法是龍猛菩薩開塔時空中所現的曼荼羅；或者說胎藏界曼荼羅是由善無畏三藏所感得的境界，金剛界曼荼羅是金剛智三藏所感得。但是，這些說法的典據皆不明確，僅是傳說而已。

所謂「現圖曼荼羅」，是有別於經疏與阿闍黎所傳的曼荼羅，而指弘法大師所傳的東寺曼荼羅，與圓仁、圓珍、宗叡等請至日本的曼荼羅。

但真寂親王的《諸說不同記》特將東寺曼荼羅稱爲現圖，而稱「宗叡請來圖」爲「或圖」，稱「圓珍請來圖」爲「山圖」。所以「現圖」依廣義而言，應與經疏、阿闍黎所傳、廣攝二軌、僅有說文而無圖形者有別，指的是弘法大師、圓珍、宗叡等人所請來的曼荼羅圖，狹義而言，則相對於圓珍、宗叡等人請來的曼荼羅圖，而專指弘法大師所請來的東寺曼荼羅。

一般而言，金胎兩部曼荼羅皆可名為現圖曼荼羅，但若要嚴格地區分，則「現圖」的名稱僅限於指胎藏界。因為金剛界大抵與經中說法一致，而胎藏界曼荼羅則與經說大為不同的緣故。

東寺所藏　胎藏曼荼羅

第二章 曼荼羅的意義

曼荼羅與念佛法門的關係

隨著大乘佛教的開展，逐漸思惟眾生成佛的可能，並產生了佛性的思想。也就是認爲不僅釋迦牟尼佛可以成證無上的正覺，而且，一切眾生也都具有佛性，並具足開悟成佛的種子——菩提心。

因爲我們具有佛性，所以人人都有成佛的可能，如果開發此菩提心的種子則人人皆可成佛。依此觀來，在實相中，諸佛與眾生的體性根本沒有差別，一切眾生的體性，即是圓滿的佛陀。我們直觀此實相法身，即能圓證菩提。這也是實相念佛發生的本證。

此外在經典中，說到我們修習禪觀或是佛陀的加持，都能使我們觀見諸佛的世界。這種眾生可依據自己觀想修行的力量，而觀見佛界的念佛思想，在大乘佛教中，發展成強有力的觀念，並引發出許多觀想念佛的禪觀。

但是，凝想作觀並非易事，不是人人都能實踐的。因此將如理思惟或觀想所得的佛像，雕造或繪成圖像，並依此念觀修行，直至能如力不用外相而寂思觀想，這也是觀像念佛法門的濫觴。

如果依據以上「實相念佛」、「觀想念佛」、「觀像念佛」的開展，我們發覺到在密教曼荼羅中，所謂「自性曼荼羅」、「觀想曼荼羅」、「形像曼荼羅」，都有清楚的因緣傳承。

從「實相念佛」中的法界實相與自性菩提心，開發出「自性曼荼羅」；從「觀想念佛」中，開發出「觀想曼荼羅」；從「觀像念佛」中，開發出「形像曼荼羅」；由此可見曼荼羅的發展與念佛思想是若合符節，而圓滿相應的。

顯現眾生本具佛德——自性曼荼羅

就密法中相應、相即的瑜伽觀念看來，曼荼羅是存在現象世界的我們與清淨佛界同體的因緣場域。也就是超越的實相法界和內在的自性法界相應相即的象徵法界或因緣場合。

依據《大日經疏演奧鈔》卷十中所述：「凡曼荼羅有三重：一、內證曼荼羅，謂能現曼荼羅也，即文言內證之德無量無邊者是也。二、加持曼荼羅，謂所現曼荼羅也，即文言加持現作者是也。三、造作曼荼羅，謂阿闍梨所畫作者是也。」

這裏內證曼荼羅之義，以內證之德無量無邊來詮釋。而內證之德代表了法身如來的體性實相妙德，也是大日如來所圓具的佛智；同時也是眾生本具的佛德與無上菩提心芽，依此而言，其意義與自性曼荼羅是會通的。

而加持曼荼羅，是如來威德力的加持，而加持現觀諸佛的真實曼荼羅，所以是加持現作者，也是所現的曼荼羅。

造作曼荼羅，即是阿闍黎依所現的曼荼羅所畫作的形像曼荼羅了。「內證曼荼羅」、「加持曼荼羅」、「造作曼荼羅」與前述「自性曼荼羅」、「觀想曼荼羅」、「形像曼荼羅」在內義上是可以相互會通的。

此外，在公元八、九世紀時，印度瑜伽部密教三大義學學者之一的佛陀瞿呬耶（覺密）（Buddha-guhya），在他所著的《法曼荼羅略詮》（Dharmamaṇḍala-sūtra）中認爲，從思想上來看，曼荼羅可分爲自性曼荼羅、觀想曼荼羅、形像曼荼羅三種。

就根本上來說，現在眼見、耳聞、身觸的世界種種現象，都是法身大日如來的顯現。

但是，這些思惟畢竟只是依理而言，爲了體證眾生諸佛不二的境界，觀想還是必要的。因而，「精神生成」的成就法（sadhana），即觀想成就法，必然有所需要。因此，而有了觀想曼荼羅的實踐，以反映行者自心中的曼荼羅。在成就法（sadhana）和儀軌（vidhi）中所說的「象徵式存在」（samaya-sattva），即屬於形像曼荼羅的範疇。

在佛陀瞿呬耶所說的自性曼荼羅中，又分爲真諦與俗諦二種。其中真諦自性曼荼羅是指法身自內證的萬德聚樂的境地，這是與曼荼羅的本來語意相應。而俗諦自性曼荼羅是表示如來自證的境界，是凡夫所無法見聞的，因此法身佛在於大悲心，以寄於法界現見的一切事物的象徵，來示現此境界。

這種說法與唐不空三藏在《陀羅尼門都部要目》中，依據《大日經》而建立法身、俗諦二種曼荼羅相當。《陀羅尼門都部要目》中說「依勝義、世俗二諦，若依勝義修行，建立法身曼荼羅，是故此經（《大日經》）中說：先稱虛空曼荼羅，是故觀本尊法身，遠離形色猶如虛空，住如是三摩地。若依世俗修行，依四輪（地、水、火、風）以爲曼荼羅。」

除此之外，真諦自性曼荼羅與《大日經疏演奧鈔》中所說的內證曼荼羅是內證之德無量無邊是統一的。而在內證曼荼羅中也稱自證德輔以大悲願等，則與俗諦自性曼荼羅中，法身佛住於大悲心的顯現等同。而且在內證曼荼羅中並含有發菩提心義的內涵。

觀見諸佛的世界——觀想曼荼羅

觀想曼荼羅是自性曼荼羅在觀境上的示現。則與法身真如觀、道場觀、支分生曼荼羅觀大約相當。其中觀想真諦自性觀與法身真如觀中，觀想法界六大體性，具足大日如來法身真如，即是圓具體、相、用的自性法身。諸佛法身與自他的真性，現觀爲平等一相。所以在《觀智儀軌》中說：「入法身真如觀，一緣一相平等猶如虛空。」而這與觀想真諦自性觀是統一的。

觀想俗諦自性曼荼羅觀則與道場觀與支分生曼荼羅觀相當。其中道場觀是爲建立本尊道場而修觀法。而支分生曼荼羅觀，是觀想行者自身的手足等四肢五體的支分，示現無邊諸佛。是本尊與行者等同一身的曼荼羅觀。如《大日經》卷一〈具緣品〉中所說：「世尊一切支分，皆悉出現如來之身。」

曼荼羅的具體象徵——形像曼荼羅

由自性曼荼羅到觀想曼荼羅，是由理念上的世界而往現象世界開展，事實上，其中並沒有外在形像的展現。但除了部分的聖者之外，凡夫皆要透過身、口、意三密的修行，才能達到與諸佛一如的境界。因此，觀想曼荼羅必須以形像世界的圖像方式來表現，使得任何人都能了達。因此，以諸佛、菩薩等形像而表現的形像曼荼羅，無論如何都是必要的。因此，爲了觀想方便所繪製、雕造的曼荼羅，即是形像曼荼羅，而成爲曼荼羅的表徵。

第三章 曼荼羅的種類

一般我們所稱的曼荼羅可分爲四種，稱爲四種曼荼羅，簡稱四曼。即：

1.大曼荼羅：諸尊具足相好容貌的圖畫，稱爲大曼荼羅（尊形曼荼羅），相當於金剛界曼荼羅中的成身會。

2.三昧耶曼荼羅：即示現諸尊的本誓三昧耶，也就是將表示本誓的法器、持物，以圖示象徵的三昧耶圖繪表示，稱爲三昧耶曼荼羅，相當於金剛界曼荼羅的三昧耶會。

3.法曼荼羅：這是諸尊的種子及真言，或書寫種子梵字於諸尊的本位，或以法身三摩地以及一切經論的文義等來表現，稱爲法曼荼羅（種子曼荼羅），相當於金剛界的微細會。

4.羯磨曼荼羅：將諸尊的威儀事業鑄造成像，形成立體、行爲的三度乃至四度空間的行動性曼荼羅，稱爲羯磨曼荼羅，相當於金剛界的供養會。

而這四種曼荼羅，一般又各含有三種曼荼羅，即：

(1)都會（都門、普門）曼荼羅：是各部諸尊聚集在一起的曼荼羅，如以大日如來爲中心的兩部曼荼羅。

(2)部會曼荼羅：是某一部會的諸尊，會聚在一起的曼荼羅，如佛部的佛頂曼荼羅，蓮華部的十一面觀音曼荼羅等。

(3)別尊（一門）曼荼羅：這是以一位本尊爲中心的曼荼羅，如釋迦曼荼羅、如意輪曼荼羅等。

我們一般所指稱的曼荼羅即是以上四種大、三昧耶、法、羯磨曼荼羅。但是這四種曼荼羅，事實上所顯現的都是指形象曼荼羅。這是以姿勢、圖像來顯現的曼荼羅，雖然對修行人而言，是最重要的方便，但是這還只是曼荼羅的一類而已。

瑜伽部的四類曼荼羅

在金剛頂瑜伽部的曼荼羅中，可分爲四類的曼荼羅。

《陀羅尼門都部要目》中說：「瑜伽部曼荼羅有四：一、金剛界，二、降三世，三、遍調伏，四、一切義成就。此四曼荼羅表毗盧遮那佛內四智菩提，謂金剛、灌頂、蓮花、羯磨爲四智。又四智，謂大圓鏡、平等性、妙觀察、成所作爲四智矣。」

這是說明在《金剛頂經》初會中所顯示的內容。《金剛頂經》共分十八會，是屬於瑜伽部的根本經典。

這種分類是因爲大日如來在色究竟天所開示的《金剛頂經》初會〈一切如來真實攝大乘現證大教王〉中，共分爲四品，即金剛界品、降三世品、遍調伏品及一切義成就品等四大品。而這四種曼荼羅是由這四大品所顯示的內容，並非是依曼荼羅的形像特性而分類的。

這四類曼荼羅所顯現的是毗盧遮那佛所具的內四智菩提。即金剛、灌頂、蓮花、羯磨四種智慧。而這四智也就是如來五智中的大圓鏡智、平等性智、妙觀察智及成所作智。事實上，這四智具足，即圓成法界體性智，也就是毗盧遮那如來的五智圓滿，也是五方佛的智慧。

在這四類曼荼羅中，又衍生建立各種曼荼羅，在《陀羅尼都部要目》中又說：「又，一一曼荼羅建立六曼荼羅，所謂：大曼荼羅、三昧耶曼荼羅、法曼荼羅、羯磨曼荼羅、四印曼荼羅、一印曼荼羅。唯降三世曼荼羅具十曼荼羅，餘皆具六曼荼羅。一切印契、一切法要以四智印攝盡；大智印以五相成本尊瑜伽，三昧耶印以二手和合金剛縛發生成印、法智印名本尊種子法身三摩地一切契經文義、羯磨智印以二手金剛拳如執持器仗標幟如身威儀形。」

在這四大類的曼荼羅中，又各分為大曼荼羅、三昧耶曼荼羅、法曼荼羅、羯磨曼荼羅、四印曼荼羅、一印曼荼羅。而降三世曼荼羅，除了這六種曼荼羅外，再加上外金剛部的四種教敕曼荼羅，即教敕大、三昧耶、法、羯磨等四種曼荼羅，所以共為十種曼荼羅。

但這六曼荼羅中，四印曼荼羅是會四大、三昧耶、法與羯磨曼荼羅爲一處。而一印曼荼羅，是會四印的別相，悉歸於一實相的究竟理趣。因此，在形式上是以大曼荼羅、三昧耶曼荼羅、法曼荼羅與羯磨曼荼羅爲主。

而在此中又說，一切的印契、一切的法要，都是以四智印攝盡，而這四印，大智印、三昧耶智印、法智印、羯磨智印，在外相上即是四種曼荼羅。

「智印」，梵語爲jñāna-mudrā。又稱爲慧印。可以認爲是諸佛菩薩所結印契的總稱。而所謂印契，即爲決定不改之義。諸佛菩薩所結的印契，爲智用的標幟，標示一切如來秘密莊嚴内證大智的身、口、意業用，所以總稱智印。

依據《法華義疏卷十二》、《法華玄贊》卷十所載，以般若之智爲印，則能入於實相之理；又以智爲印，刊定是非真妄，所以故稱爲智印。

而如來的智用有大智印、三昧耶智印、法智印、羯磨智印四種，稱爲一切印、四印、四智印或四種智印。

大智印又稱爲五智無際智，即以五相成身觀而成本尊之身。三昧耶智印又稱爲如來本誓悲願平等内證智，即諸尊及修行者所結之印契。法智印又稱爲本性清淨妙法智，即諸尊的種子、法身、三摩地，乃至一切契經文義等。羯磨智印又稱爲自利利他羯磨智用，即諸尊的威儀形相。密教金剛界曼荼羅四印會的四尊，即標示此四智印。

此外，依據《即身成佛義》中所載，四智印與四種曼荼羅有體用之別，其中，大智印爲大曼荼羅之用，三昧耶智印爲三昧耶曼荼羅之用，法智印爲法曼荼羅之用，羯磨智印爲羯磨曼荼羅之用，這也表示了兩者體同名異的一如關係。

大日經的胎藏曼荼羅

除了《金剛頂經》中顯示了金剛部瑜伽的曼荼羅觀外，在《大日經》中也表現了胎藏的曼荼羅觀。在《陀羅尼都部要目》中，引述《大日經》說：「此經中二種修行，菩提心以爲因，大悲以爲根本，方便爲究竟。依勝義、世俗二諦，若依勝義修行，建立法身曼荼羅，是故此經中說：先稱虛空中曼荼羅，是故觀本尊法身，遠離形色猶如虛空，住如是三摩地；若依世俗修行，依四輪以爲曼荼羅。

本尊聖者若黃色，住地輪曼荼羅，其形方名金輪；聖者若白色，住水輪曼荼羅，其形圓名水輪；聖者若赤色，住火輪曼荼羅，其形三角；聖者若青若黑，住風輪曼荼羅，其形如半月。」

《大日經》以勝義與世俗二諦，建立「法身曼荼羅」與「俗諦曼荼羅」。由於《大日經》以五輪安立法界，因此以虛空中曼荼羅，本尊法身遠離形色猶如虛空，來表示法身曼荼羅。並以地、水、火、風四輪的形色來顯示俗諦的曼荼羅。

除此之外，依據《大日經》的說法，也可歸納出本尊的三種秘密身，即：(1)字，乃法曼荼羅。(2)印，乃三昧耶曼荼羅。(3)形，乃大曼荼羅。而此三身各具足威儀事業，稱爲羯磨曼荼羅。

而四曼荼羅雖然圓滿具足萬德，然而總歸於實相而超越相對，這稱爲體大曼荼羅；其中具備眾相的差別，稱爲相大曼荼羅；具足三密的業用，稱爲用大曼荼羅。而這四曼荼羅攝盡一切存在之相狀，所以相對於六大體大、三密用大，而稱爲四曼相大。

此外，還有三種四曼荼羅的說法，即：⑴就過去世而言，集中於法身大日如來說法席之聖眾，爲自性會四曼。⑵就未來世而言，影像及書畫，爲世間住持四曼。⑶就現在世而言，瑜伽行者爲行者修成四曼。

透過以上的觀察，我們應能體會大曼荼羅、三昧耶曼荼羅、法曼荼羅與羯磨曼荼羅等四種曼荼羅成立的因緣。

四曼荼羅就表相的觀點看來，所描繪出的是法界的外相，也就是形像的曼荼羅。但我們經由前述的觀察當中發覺，其實不管是《金剛頂經》所代表的金剛界，或《大日經》所代表的胎藏界，其曼荼羅觀，都具有深層的結構，並非僅限於表相上的四種曼荼羅。

而這也是如同《大疏演奧鈔》卷十中所說的內證、加持、與造作的三重曼荼羅。或是印度瑜伽密教學者佛陀瞿呬耶，在《法曼荼羅略詮》中所述的自性曼荼羅、觀想曼荼羅與形像曼荼羅。在此，四種曼荼羅在表相上，可被視爲造作曼荼羅或形像曼荼羅。

因此，到了瑜伽密教時代，我們從深層結構中觀察曼荼羅，可體悟從最深層的本質、如來法身本性或佛智中，具足了自性曼荼羅或法身、內證、能現的曼荼羅。

從自性曼荼羅中流出，依如來而言，能賜加持，依修行者而言，能成證觀想，因此而有觀想曼荼羅或加持、所現曼荼羅。而這也包括了法身觀、道場觀及支分生曼荼羅。

從實相所流出的現觀曼荼羅，引生一切形像曼荼羅的造作，因此而有形像曼荼羅或造作、圖繪曼荼羅。而形像曼荼羅一般即分成大三昧耶、法、羯磨等四種曼荼羅。

無上瑜伽部——觀自身即曼荼羅

但是，在瑜伽密教發展之後，無上瑜伽部接續而生。在無上瑜伽部中開展出以自身中圍為曼荼羅的觀念。因此我們自己身體所具有的地、水、火、風、空五大，與整個法界的五大，並無差異。既然法界一切，即是如來法身所流現。我們自身無非是諸佛的曼荼羅，我們的身脈即爲壇城。

這樣的觀點，我們可以從《大悲空智大教王經》（《喜金剛本續》）中發覺。在該經卷一的〈金剛部序品〉中說：「金剛藏菩薩重白佛言：『世尊！如是空智云何而有血脈之相？』

佛告金剛藏菩薩：『彼血脈相有三十二種，是名三十二菩提之心。又此漏法於大樂處總有三種，謂羅羅拏（梵 lalanā，藏 brkyaṅ-ma，左脈）、辣娑摩（梵 rasanā，藏 ro-ma，右脈）、阿囉底（梵 avadhūti，藏 kun-ḥdar-ma，中脈）。羅羅拏者即勝慧自性，辣娑拏者謂善方便，阿囉底者是中說，離能取所取。又，此三種即是住持不動清淨智月。』」

從大悲空智現起血脈之相，而此血脈與菩提心相應。並衍生出我們身體的中脈（阿囉底）、左脈（辣娑摩）、右脈（羅羅拏）。並將這三脈賦予中道之說，遠離能取所取，善方便及勝慧自性。並以此三脈住持不動的清淨智月自性，這是無上瑜伽部中，對自身即曼荼羅觀的發揮。

此外，並依此中脈，在我們的心輪、喉輪、臍輪及頂輪，建立法身輪八輻、報身輪十六輻、化身輪六十四輻、大藥輪（大樂輪）三十二輻的輪脈之相。

依此經所述，在建立自身爲圓滿曼荼羅的過程中，有拙火的教授，該經說：「最初贊拏梨（caṇḍāli）明妃，從彼臍輪發大智火，焚棄五蘊，以佛眼母焚燼諸漏，除妄因緣故。」

這裏的贊拏梨明妃，即忿怒母、拙火，最初她從臍輪中發起大智之火，能夠焚燒我們身中的色、受、想、行、識等雜染的五蘊身心，並以佛眼母等焚燼諸漏，除去虛妄的因緣。

這裏的佛眼佛母，是指本經中前述的：「三身三業及伊鑁摩耶（E-vam-ma-ya），謂「伊」者，佛眼佛母菩薩、鑁者摩摩枳菩薩、摩者白衣菩薩及野者多羅菩薩。」等四位菩薩，都是直接安住在我們的脈輪之中。

另外，在《大乘要道密集》中，則有此文的異譯。此書引《喜樂本續》（《喜金剛本續》）說：「臍中發出拙火焰，而令焚燒五如來；及燒佛眼佛母等，放（hāṃ）字流注菩提心。」

而其後則解說：「是故臍下，將拙火之焰，焚燒色、受、想、行、識五蘊，及焚燒地、水、火、風四大，其拙火燄觸欱字頭，流注菩提心。」

我們由此可知，在《喜金剛本續》中直指五蘊即是五如來的體性，而佛眼佛母等四菩薩則代表著地、水、火、風四大的體性，這顯示了在無上瑜伽部中，直指我們的五蘊、五大的身心，即是五方佛及本尊的壇城，是自然而一貫的。

六大法界與曼荼羅

密教以六大緣起來建構其法界觀。這六大又名六界（ṣaḍ dhātanaḥ），是有情身心所依的六種根本要素。六大包括：地（pṛthivi）大、水（āpaḥ）大、火（tejas）大、風（vāyu）大、空（ākāśa）大、識（vijñāna）大。

在這六大中，地大具有堅性的特質，能任持承載萬物。水大具有濕的特性，能收攝萬物。火大以煖爲特性，能成熟萬物。風大以動爲特性，能增長萬物。空大以無礙爲特性，作用是含容不障萬物。識大的特性爲了別周遍，作用則是決斷。這六種要素所以被稱爲六大，是因爲它們能周遍一切的緣故。

《大日經》卷二的〈具緣品〉中，有如下的偈頌：「我覺（識大）本不生（地大），出過語言道（水大），諸過（火大）得解脫，遠離於因緣（風大），知空（空大）等虛空，如實相智生。」

在這首偈頌之中，空海大師將之解説爲具有六大的內義。上述經文中括號內六大的文字，即其説明。這是他在《即身成佛義》中，引《大日經》所説的：「阿字諸法本不生義，即是地大。縛字離言説，謂之水大。清淨無垢塵者，則囉字火大也。因業不可得，訶字門風大也。等虛空者，欠字字相即空大也。我覺者識，因位名識，果位謂智，智即覺故。」

依據《俱舍論》卷一的説法，地、水、火、風等四界，爲能造的四大種，爲一切物質所依。空界是四大的竅隙，爲成長之因。識界爲有漏識，是有情生存之所依。其中前五界是屬於色（物質）法，識界則屬於心法。

這樣的説法，在密教中，得到了進一步的深化與發揮，而產生了「六大體大」、「六大無礙」、「六大緣起」等説法。

另外，在《大日經》卷五〈真實智品〉中所示：「我即同心位，一切處自在。普遍於種種，有情及非情，阿字第一命，嚩字名爲水，囉字名爲火，吽（吽）字名忿怒（風），法字同虛空。」

此經文中，空海以首句的心即爲識，後五句爲五大，此中的「一切處自在，普遍於種種，有情及非情」三句，代表六大自在妙用無礙之德。如此的六大，能造一切佛及眾生、器界等四種法身：自性身、受用身、變化身、等流身，及三種世間：器世間、眾生世間、智正覺世間。

而這六大有以下的特質：六大遍一切法界，所以稱之爲大，是一切之所依，因此稱爲體大，這六大互具、互遍不礙，所以爲六大無礙。而這六大的妙德，爲諸法的體性，所以是法爾的六大。

而這法爾六大依緣而現出法界的森羅萬象者，即稱爲隨緣的六大。一切法界，依六大而起，即稱爲六大緣起。但法爾即隨緣，隨緣即法爾，兩者是不異不離的。

因此，空海大師在〈即身成佛義〉中，又說：「此所生法，上達法身，下及六道，雖粗細有隔，大小有差，然猶不出六大。故佛說六大爲法界體性。諸顯教中以四大等爲非情，密教則說此爲如來三摩耶（samaya）身。四大等不離心大，心色雖異其性即同。」

所以，空海大師就以：「六大無礙常瑜伽，四種曼荼各不離。」來顯示六大體性，即法界體性自身，以自妙德而常瑜伽，能出生一切法身及世間，而顯示法界果德的四種曼荼羅（maṇḍala）：法曼荼羅、三昧耶曼荼羅、大曼荼羅、羯磨曼荼羅，是一體同性恒不遠離的。這樣的說法，與無上瑜伽部，以自身即爲本尊及諸佛的輪壇曼荼羅是一致的。

從瑜伽部密教發展到無上瑜伽部的過程中，有許多內在的潛流鋪陳著。

本初佛的思想——自身即法界本具曼荼羅

從無上瑜伽部中本初佛的觀點看來，其實這種思想並非忽然創發，也並非如一般人從表相的字義上，認爲本初佛是時空中的第一尊佛。因爲佛法既然強調時空如幻、如化，一切諸法、時、空，根本是因緣所生，並沒有確然的諸法與時間、空間，怎麼會建立時空的第一尊佛呢？而且法界無始無終，如同圓輪一般，根本不會落於相對的境界之中。

因此，本初扣緊的是大覺之義，在每一位修行者證悟成佛的那一剎那，從大覺中現觀法界。因此能出生大覺的體性，或大覺的體性自身，就現前成爲本初佛。而這也顯出，後來無上瑜伽部中，不同的宗派，以佛性自身——法身普賢或普賢王如來，做爲本初佛，或是以大覺自身——金剛持或金剛薩埵、時輪金剛，來做爲本初佛的道理。

而事實上如此的觀點，並非新生，在以本具佛性爲中心的胎藏界中，《大日經》中的大日如來就宣示其自身爲「我一切本初」，彰顯了法身普賢的體性。而在以如來大覺智慧爲中心的金剛界中，更以本初普賢來顯示金剛界大日如來。這其實是後續本初佛的根本。但其中都是以超越一切諸法、時間、空間來看待本初佛，並非婆羅門教的宇宙創造者之大梵觀念。

無上瑜伽部中，由本初佛觀，發展出俱生（sahaja）的思想。直視現前的法界，即是本初佛的流現。這當然不能從表相上去觀察，而必須從大覺空性中去體會。

在此思想中，我們自身即是法界本具的諸佛曼荼羅，直接觀察我們身心成就，即能成證如來的法報化三身及現起一切諸佛。

但仔細觀察，這依然可從金剛界與胎藏界的思想與修持法中，看到一路相承的觀點。

金剛界的根本大法，是五相成身觀的修法。在修行者現觀空性成就之後，接著要通達自性本具的菩提心，接著，修習菩提心，成證如同金剛薩埵的金剛心，再證成金剛身，最後圓滿佛身，而即身成佛。這五個次第可以說是以「父母所生身，即身成佛位」了。從⑴通達菩提心，⑵修菩提心，⑶成金剛心，⑷證金剛身，⑸佛身圓滿，這五個從心到身的修證，也建立了以現前的身心為諸佛曼荼羅的理論與修證的根基。

五輪成身曼荼羅

除此之外，在胎藏界中的基本思想與修證，以五字嚴身觀為基礎。五字嚴身觀又名五輪塔觀。即建立法界的基本質素為地、水、火、風、空等五大。而這五大即是大日如來的法身。

因此，在《大日經》卷五〈秘密曼荼羅品〉中說，觀足至臍為大金剛輪（地大），臍至心為水輪（水大），胸為火輪（火大），頭部為風輪（風大），頂上為空輪（空大）。依次觀想為方、圓、三角、半月、團形等五輪塔。而現觀五輪塔即為大日如來，而大日如來即為行者。而這也就是五輪成身曼荼羅。

五字嚴身觀，已經將大日如來、法界萬相與我們自身，以地、水、火、風、空五大，完全如理的結合，這為將我們自己的身相觀成諸佛的曼荼羅壇城，建立有力的根基。

五輪成身曼荼羅是屬支分生曼荼羅中一類。

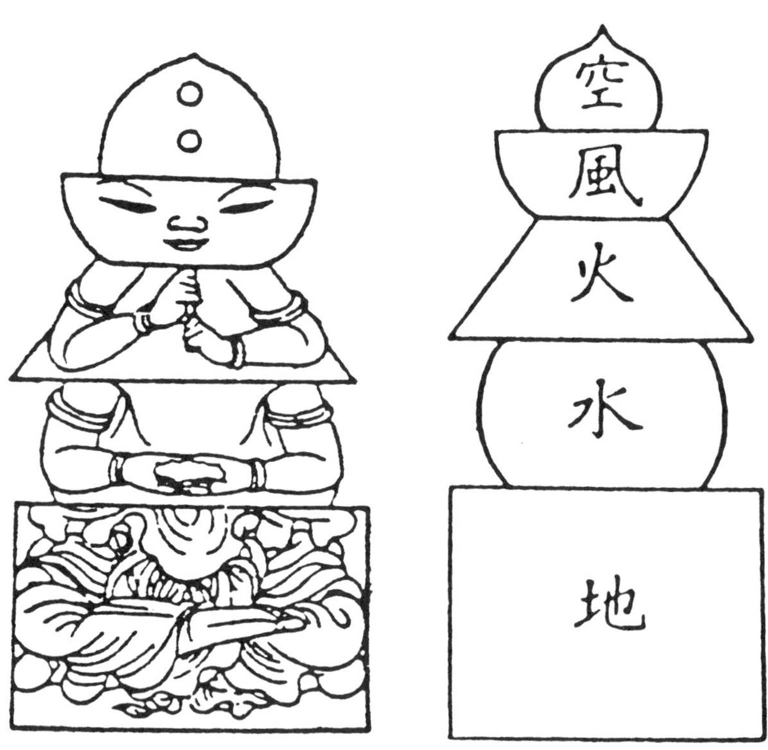

五輪成身曼荼羅

所謂支分生曼荼羅，是指布列在本尊、阿闍梨或修行者身上，等同一身的曼荼羅。其中所謂的支分是指手足等四肢五體。

在《大日經》卷一〈具緣品〉中說：「世尊一切支分皆悉出現如來之身。」而《大日經疏》卷三中說道：「今欲說曼荼羅圓位故，還約佛身上中下體，以部類分之。自臍以下現生身釋迦，示同人法及二乘六趣種種類形色像威儀。言音壇座各各殊異及其眷屬展轉不同，普於八方，如曼荼羅本位次第而住。

自臍以上至咽出現無量十住諸菩薩，各持三密之身，與無量眷屬普於八方，如曼荼羅本位次第而住。然此中自有二重，從心以下是持大悲萬行，十佛剎微塵諸大眷屬，從心以上是持金剛密慧十佛剎微塵諸內眷屬，通名大心眾也。

從咽以上至如來頂相，出現四智四三昧果德佛身，即此八身於一切世界中，徒眾剎土名號身業，諸受用事皆悉不同。亦於八方，如曼荼羅本位次第而生。」

支分生曼荼羅除了五輪成身曼荼羅之外，還有三重流現曼荼羅，此即如上所述，以頭部為中胎八葉院，心至咽喉安立第一院的內眷屬諸執金剛，心至臍安置第二院的大眷屬菩薩，臍以下安生身的釋迦牟尼佛等第三院，是在一身中流現胎藏曼荼羅。

不過在《大日經疏》卷五中所說的曼荼羅分布的情形與前述稍有不同，彼是以毗盧遮那佛自心八葉華爲中胎藏，咽至頂相爲第一重，臍至咽爲第二重，臍以下爲第三重。

但不管如何，這些都是要行者觀察自身即爲現成的胎藏界曼荼羅。也因此在無上瑜伽部以自身爲諸佛的曼荼羅，在理論上與實踐上，都有了完整依據。因此，現觀我們的心、氣、脈、身，無非是諸佛本尊的曼荼羅壇城了。

四層曼荼羅

從自性曼荼羅、觀想曼荼羅及形像（造作）曼荼羅的深層曼荼羅分類，再加上以自己身相直接成爲曼荼羅。因此基本上，我們已有四種層次的曼荼羅，從依次內而外是⑴自性曼荼羅，⑵觀想曼荼羅，⑶身相曼荼羅，⑷形像曼荼羅。

而對於這四層曼荼羅，有學者就加以分爲「外曼荼羅」與「內曼荼羅」兩類，其分法如下：

一、外曼荼羅：可視的曼荼羅。

1.尊像曼荼羅（大曼荼羅）。

2.象徵曼荼羅（三昧耶曼荼羅）。

3.文字曼荼羅（法曼荼羅）。

4.立體曼荼羅（羯磨曼荼羅）。

二、內曼荼羅：不可視的曼荼羅。

1.精神曼荼羅（觀想曼荼羅）。

2.身體曼荼羅。

當然，這種分類法十分簡明易懂，就世間的觀點，十分理想。但如果以佛法內義的修證而言，就未免太過平面，不僅無法顯出曼荼羅的深層結構，對於修證而言，更是完全無法掌握的。

因此，如果依據原有的四層結構，將曼荼羅分類，應該是比較如理，合於密法內文，而且適於修證的。

所以依四層結構，分別如下：

一、形像曼荼羅：由世間造作所成的曼荼羅。

1.大曼荼羅：以尊像為主的曼荼羅。

2.三昧耶曼荼羅：呈現諸尊本誓象徵的曼荼羅。

3.法曼荼羅：呈現諸尊心要密義的文字曼荼羅。

4.羯磨曼荼羅：呈現諸尊行為威儀事業的曼荼羅。

二、身相曼荼羅：自己的身體、氣脈、明點等一切支分都是諸佛的曼荼羅。

三、心意曼荼羅：由諸佛加持所現，及行者依據修證觀想所生的曼荼羅。其中包含：

1.真諦曼荼羅：觀想真如法身實相的曼荼羅。

2.俗諦曼荼羅：諸佛曼荼羅道場的觀想，及行者自身的支分示現無量諸佛的觀想。

四、自性曼荼羅：由法界體性自身所直顯的法身曼荼羅。就極密究竟而言，是一切無可顯示的現空真如的法性。就普遍而言，是現成的一切法界。

以上是四層曼荼羅的分類。

四種曼荼羅

四種曼荼羅是我們一般所見，密教所建立的四種曼荼羅，即大曼荼羅（mahā-maṇḍala）、三昧耶曼荼羅（samaya-maṇḍala）、法曼荼羅（Dharma-maṇḍala）、羯磨曼荼羅（karma-maṇḍala）。略稱爲四曼。

依據《理趣釋》卷上所述，此四種曼荼羅總攝瑜伽一切曼荼羅：即若畫出一一菩薩的本形即成爲大曼荼羅；若畫出本聖所執持的諸物，即成爲三昧耶曼荼羅；各書本尊種子字於本位即名爲法曼荼羅；各鑄本形安於本位即成羯磨曼荼羅。

在《即身成佛義》中說：「若依金剛頂經說，四種曼荼羅者，㈠大曼荼羅，謂一一佛菩薩相好身，又綵畫其形像，名大曼荼羅；又以五相成本尊瑜伽，又名大智印。㈡三昧耶曼荼羅，即所持標幟，刀、劍、輪寶、金剛、蓮華等類是也，若畫其像亦是也。又以二手和合金剛縛發生成印是也。亦名三昧耶智印。㈢法曼荼羅，本尊種子真言，若其種子字各書本位是，又法身三摩地及一切契經文義等皆是，亦名法智印。㈣羯磨曼荼羅，即諸佛菩薩等種種威儀事業，若鑄若捏等亦是。亦名羯磨智印。」

又說：「如是四種曼荼羅四種智印其數無量，一一量同虛空，彼不離此，此不離彼，猶如空光無礙不逆。故云四種曼荼羅各不離。」

⊙大曼荼羅

大曼荼羅是在密教中以五大所成的佛菩薩法體，或是以五大的顏色綵繪佛菩薩相好具足的尊體，稱爲大曼荼羅。所謂五大即地大、水大、火大、風大、空大等能生成萬法的五種要素，其次第配對的顏色分別爲黃、白、紅、黑、青等五色。又稱摩訶曼荼羅、大曼。爲四種曼荼羅之一。

因此在如來三種祕密身中，由五大所成的相好具足形像，稱爲大曼荼羅。或是修習五相成身觀而成就本尊瑜伽的行者之身，也稱爲大曼荼羅。此外，以五大的顏色，綵畫圖像，一般也稱大曼荼羅。

大曼荼羅

如果以金剛界曼荼羅而言，是指在金剛界曼荼羅成身會中的諸尊畫像。此大曼荼羅，可配於四種法身中的自性法身、身語意三密中的身密、三寶中的佛寶等。

事實上，大曼荼羅即是表示宇宙全體的形相，也就是指萬有的普遍相，從六大所成的現象諸法的全體都叫做大曼荼羅。

當我們把大曼荼羅解爲五大的「大」時，是表示由五大色相所顯現的曼荼羅之意。曼荼羅又名總持，在此是將宇宙的根本現象抽象化，形成絕對的象徵之後，再構成一個具體的結構，所以其實是宇宙實相映。

而「曼荼羅」有形狀有色彩，形、色在曼荼羅中都有其作用。因此，當我們觀察大曼荼羅時，即是我們生存的法界實相的具體象徵。所以在大曼荼羅裡面，有「周遍全體」和「五大形色現象義」等兩種內含。

所以，大「曼荼羅」又可以說是佛菩薩的相好具足身，所以雕刻、圖畫、捏鑄的佛像都是大曼荼羅，這是最狹義的大曼荼羅，也是我們一般理解的形像曼荼羅中的「尊象曼荼羅」。

但是廣義而言，法界一切萬象，都是六大法身的當體，所以塵塵法法，皆是大曼荼羅，整個壇場是大曼荼羅，每尊的佛像也是大曼荼羅，一切現象皆是大曼荼羅，你我都是大曼荼羅。

◎三昧耶曼荼羅

三昧耶曼荼羅，是指描畫諸尊印契（手印等）及所持器杖（如金剛杵、金剛鈴、刀、劍、蓮華等）的曼荼羅。又稱爲三摩耶曼荼羅、平等曼荼羅或三昧耶智印。

在《理趣釋》卷上說：「若畫本聖者所執持標幟，即成三昧耶曼荼羅。」而《秘藏記》也說：「三昧耶曼荼羅，本尊等所執持器杖、印契，平等義也。」在金剛界九會曼荼羅中，第二會三昧耶會及第九會降三世三昧耶會等即屬此種曼荼羅。

而《即身成佛義》中又說：「器世界者，表所依土，此器界者三昧耶曼荼羅之總名也。」若以四種曼荼羅攝法界萬有時，三昧耶曼荼羅表所依的外在器世界。如果配屬三寶則相當於僧寶，配屬三密則相當於意密，配屬四種法身則相當於

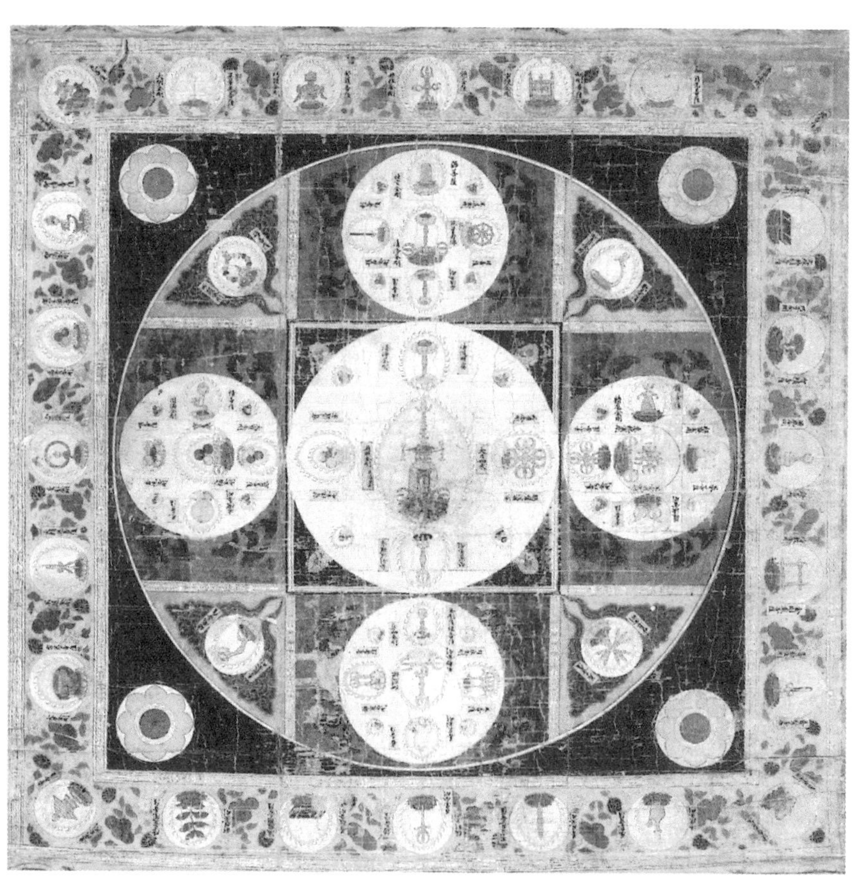

三昧耶曼荼羅

等流身。

三昧耶曼荼羅在內義上，是指出每一現象的特殊體性。在法界中的每一個現象都有它各自的特相，事事物物的發生，絕不是無意義的存在，一切的事物都有其深奧的因緣、體性與意義。就廣義而言，每種東西都正示現各自的特性與本誓。

三昧耶有平等、本誓、除障、驚覺等四種意義，其中本誓是最接近原意的。本誓是一種特別的無上願力，在三昧耶曼荼羅中，諸佛菩薩以所持的刀劍、輪寶、蓮花等器具和手印來代表他的本誓與因緣。因為這些法具都是象徵著諸佛菩薩從初發無上菩提心以來的根本誓願，因此這是無上的自誓，也是不能違越的標幟。

現在我們用一個世間的比喻來說明。如果我們將醫護人員視為現代藥師佛，將他們手中拿的針筒醫具視為救世的工具，那這個針筒背後所代表救度世間的無比莊嚴象徵，就形成他的本誓。因此看到針筒，即是不可違越的標幟，一定要完成救世濟人的本願。或許在世間中，無法形成如此深遠的無上本誓，但我們應當可以體會其深沈的意境。

因此三昧耶是佛菩薩度眾的特別誓願心要、度眾的特有莊嚴，是由他本誓裡所發展出來的象徵，所以，依此而言，每一尊佛都有他的三昧耶。只要三昧耶一顯現，我們就可以知道這是那一尊佛陀。

三昧耶也稱爲誓句，我們如果用現代的象徵來比喻，每一個企業都要建立其企業形象，看到這企業的象徵，即能理解這企業的背後精神。而這企業也透過企業的象徵，來整合、昇華企業及員工的文化。所以企業形象（C.I.）的選擇與建立，在現代企業中極爲重要。因此我們可以勉強的比喻，佛菩薩個人的特有悲心、智慧，就是這尊佛菩薩的個人形象（P.I.）。而佛菩薩整體（含淨土、眷屬）的特有形象就是（C.I.）。

以阿彌陀佛爲例，他個人的象徵就是他個人的P.I.。而阿彌陀佛的極樂世界的全體構成，包含淨土與眷屬，以蓮華來代表，則可說是彌陀淨土的C.I.，這是代表蓮華部西方淨土組群的。還有，像文殊菩薩的象徵則是一本書或一把劍，代表般若深智與教法的銳捷，這個都是文殊菩薩所顯現的P.I.。

而由廣義上來看，其實一切的萬物，都可以說是三昧耶曼荼羅，一切萬象，皆有它自己的體性和作用，這個特殊性具體表現就是三昧耶曼荼羅。也因此空海

大師說我們一切外在器世界，都是三昧耶曼荼羅。

⊙法曼荼羅

法曼荼羅音譯爲達磨曼荼羅，又稱作種子曼荼羅、字曼荼羅，略稱爲法曼。凡是書寫經論的文字、言語、義理，及諸佛菩薩的真言、種子等有關佛法義理的曼荼羅，都稱爲法曼荼羅。

在密教各種曼荼羅中，以諸尊的種子布列於各尊本位所建立的曼荼羅，即是法曼荼羅。依據《大日經》卷十三所記載，凡是資力不辦，資源不足，不能製作圖畫（繪畫諸尊形象）的大曼荼羅時，得以此種曼荼羅作爲修法。其作法是以金泥書寫諸尊的種子字或阿字等於紺紙上，每字以圓形圍繞，或於每字之下加畫蓮花。

由此看來，法曼荼羅似乎是因爲資力不足而採取的修習方法。但這種說法也不一定確然，只是相對於表相的因緣。然因爲所書寫的梵字中，其實含有極多深義，異於顯示諸尊形像的大曼荼羅，有時反較大曼荼羅具有更深秘之義。

法曼荼羅

因此使用何種曼荼羅，應當是由修習的因緣而定。

法曼荼羅廣義而言，是指法界中一切的語言、音聲、文字、名稱等意思。法界中的一切事物，都有它各自的因緣、特殊意義和理想，把這些表現爲聲音或是語言、文字、名稱的時候，當然會顯現出特別的義理。因此十種法界，悉具語言，六塵諸法，皆是文字，一切的語言、所有的文字，從究竟的本質看來，都是如來的語言、文字，而表示這些音聲文字即是實相，就是法曼荼羅。

法曼荼羅是諸佛菩薩的種子（Vija）。「種子」的內義，我們可以由植物來觀察，植物由種子生長出莖、葉及開花、結果。所以種子之中具足了全體的一切精華。也因此諸佛菩薩的種子，也表示了具足諸佛菩薩的心要精華，將能在法界中，現起諸佛的無上菩提果。

法界世間的種種萬象，有其普遍的法性與特殊的緣起性。因此一切萬相的顯現，即是其特有的名稱。而諸佛菩薩的名稱、心要精華等透過彼等的示現，以單一的梵字顯示，這就是種子字。所以說法曼荼羅是文字的曼荼羅，是種子的曼荼羅。

例如：阿（𑖀）字是胎藏界大日如來的種子字，阿彌陀佛是訖利（𑖮𑖿𑖨𑖱𑖾）字，即是這個意思。不過由廣義而言，一切經典的文字，乃至世界上的所有語言、文字、名稱，其實都是法曼荼羅，因爲言語是表現真理的因（種子），而每個字裡面都具有無量的功德。如果再加以詳細的分別，文字有「了因」、「生因」、「本有」等三種意義，也有含藏義、生出義及根源義，這些都是法曼荼羅的內義。

◎羯磨曼荼羅

羯磨曼荼羅又譯爲作業輪圓具足，略稱爲羯曼。是指密教諸尊的威儀事業。即描繪佛、菩薩的威儀動作、事業的曼荼羅，包含了佛、菩薩的鑄像、畫像、捏像等。

密教認爲一切如來都具有三種祕密身，即字（種子，即法曼荼羅）、印（種種標幟，即三昧耶曼荼羅）、形像（相好具足之身，即大曼荼羅），而這三種身各具有威儀事業，即是羯磨曼荼羅。

在四種曼荼羅中，羯磨曼荼羅是就體上的相（威儀）及用（事業）而立名，

羯磨曼荼羅（釋迦八相成道）

其餘三者則就體上而立名。另外羯磨曼荼羅能貫通於其他三種，所以稱通三羯磨。如果擴充其意義而言，凡是所有眾生的舉止動作，乃至宇宙中一切所作的事業，都可稱作羯磨曼荼羅。

在金剛界九會曼荼羅中，供養會的諸尊，表示供養的事業，此會也稱爲羯磨曼荼羅。

此外，有時羯磨曼荼羅，會被視爲是立體的曼荼羅，舉凡由木像、塑像、鑄像等尊像所構成的立體曼荼羅，即被認爲是羯磨曼荼羅。

雖然這樣的觀點，有其形式表現的意義，但基本上還是不能夠完整表達出羯磨曼荼羅的意義。

羯磨曼荼羅表示著宇宙中一切事物的活動作用，羯磨（Karma）是「作業」的意思，一切的事物是實相的象徵，所以一切的作用是實相本身的活動，因此四大的運行，日月星辰的異動，都是從實相所發的有意義之活動。

羯磨曼荼羅是表示諸佛的威儀事業，因此在鑄塑雕刻的佛像上，所表現的威儀活動就是羯磨曼荼羅。在《四曼義口訣》中說：「有屈曲威儀相著，事業威儀曼荼羅也。」因此從廣義上看來，我們一切的行住坐臥、一切事物的活動作用、行爲，無非都是羯磨曼荼羅了。

如果我們把曼荼羅的內義，落實在諸佛或個人身上來比喻。首先大曼荼羅就是顯示諸佛或每一個生命在法界當中的緣起、示現，並在存有中當下顯示的因緣位置。在這些生命與宇宙現象所組成的靜態結構中，當下的因緣存有的顯示就形成了大曼荼羅。從這裡我們可以了解到每一生命體性、因緣的結構、心態，以及每一個生命所顯示的狀態。

三昧耶曼荼羅，是屬於每個生命現象的特別體性與象徵。從我們體性及因緣中，與自身心靈意念特別相應的本誓所顯現的象徵，就成爲我們的特別標幟、形象，就是三昧耶曼荼羅。

法曼荼羅是從我們的體性及思想中顯示的符號，這些符號形諸文字圖案上，表達了我們的心要精義及特別思想，而且這些文字符號，能在我們生命中產生特別的內觀作用。

羯磨曼荼羅，就是我們將前述三種曼荼羅所彰顯的存有、象徵及心意，表現在行住坐臥及一切行事。

如果我們再用一般的比喻，來表示這四種曼荼羅的表相意義的話，那麼曼荼羅可說是一次諸佛菩薩的廣大集會。大曼荼羅宛如諸佛、菩薩在會議中，適當相應的位置及所呈現如理安坐的照片；三昧耶曼荼羅則是用每一位佛菩薩特有形像的本誓象徵持物的安置位置及照片；法曼荼羅則如同佛菩薩的名牌排列情形；而羯磨曼荼羅就如同此之會議中，諸佛菩薩的開會過程及特別錄製的影片了。

第四章 各類曼荼羅的簡介

金胎兩部曼荼羅

依密教觀察，六大、四曼、三密是法界的體、相、用，是相融不離的。如果將六大、四曼攝於三密之用，則法界不出三密。如果依據四曼之相自俱六大、三密之義而言，則法界萬有盡是四種曼荼羅；如果依據六大中圓滿具足四曼、三密之義來說，則舉一切法界無非六大，世界中的法法塵塵都是六大的顯現。如果把這些眾相統一觀察的話，則是大日如來的法身流顯，而象徵這個妙理的是兩部曼

金剛界曼荼羅

胎藏界曼荼羅

荼羅。

金剛界、胎藏界兩部的成立是建立在「一心法界」的教法之上，並安立理平等與智差別二門，以彰顯其理智的應用無窮。於此，詮說智差別的經軌為金剛部，詮說理平等的經軌則為胎藏部。

金剛部以《金剛頂經》為根本經典，依此所畫之曼荼羅，稱為金剛界曼荼羅；胎藏部以《大日經》為根本經典，依此所畫之曼荼羅，稱為胎藏界曼荼羅。金剛界即智差別門，以金剛表之，象徵如來實相智慧的堅實，又稱智界；胎藏界即理差別門，以蓮花表示，象徵眾生本有理性蘊含於大悲萬行之中，又稱為理界。

金剛界為除障成身，自受法樂的行相，即轉九識而成就五智，所以建立五部；而胎藏界為化度利生，他受法樂的行相，所以建立三部，開大定、大智、大悲三門，以引攝眾生。

金胎一體不二

爲了表示色心二法、理智二門，所以區分爲金胎兩部。在胎藏界以蓮花爲體，即表眾生八葉的肉團心，在此處建立壇場，所以名爲胎藏界。金剛界則以五股金剛杵爲體，五股金剛杵表五智，即大日如來的三昧耶形，在五股金剛杵上建立壇場，所以名爲金剛界。

胎藏界從眾生本具體性中生起，而金剛界從佛果智慧上生起。因此，胎藏爲生界爲本有，屬理，所以諸尊安住在蓮花內的月輪中。蓮花表理，月輪表智，智慧安住理內，表示不二。金剛界爲佛界修生，屬智，所以諸尊安住在月輪內的蓮花中。理住於智內，所以也是不二。因此金胎兩部是色心理智互具不二的。

金剛界與胎藏界雖然各立詮說，但是理之外無智，智之外無理，而色與心本然不二；離金剛界別無胎藏界，離胎藏界別無金剛界，故金、胎兩部一體不二。

金、胎兩部乃一體而不可分的說法，我們在此可以簡單的圖示，表示兩者的關係：

兩部曼荼羅	胎藏界—理—平等—本有—本覺—因—東—橫—五大—色法—大悲	不二
	金剛界—智—差別—修生—始覺—果—西—豎—識大—心法—大智	

此說始於密宗七祖惠果，其門人日僧空海將師之旨意傳入日本，真言宗遂產生兩部不二說，如東密的主張即是。而台密則主張兩部對立，故在金、胎兩部外另立蘇悉地部，因爲《蘇悉地經》融合理、智，詮說兩部一體不二之旨，而蘇悉地部之曼荼羅稱爲「雜曼荼羅」。

兩界曼荼羅的發展過程

兩界曼荼羅是以大日如來爲中心的諸尊圖像安立圖。共有胎藏界與金剛界二種，所以稱爲兩界曼荼羅。胎藏界曼荼羅是依據《大日經》而繪製，金剛界曼荼羅則是根據《金剛頂經》而作成。兩者稱爲兩部曼荼羅。

胎藏界曼荼羅原稱爲大悲胎藏曼荼羅或胎藏曼荼羅，其中並無「界」字。但

兩界種子字曼荼羅——胎藏界

兩界種子字曼荼羅——金剛界

是中國唐代胎藏、金剛界曼荼羅併用，兩者合稱爲兩部曼荼羅，後來爲了與「金剛界」的名稱對應，所以稱爲胎藏界，兩界曼荼羅之稱逐漸普遍。

在密教寺院的本堂，中央供有並列佛器、法具的法壇，兩側懸掛兩界曼荼羅。右（東）爲胎藏界曼荼羅，左（西）是金剛界曼荼羅。

日本現存的兩界曼荼羅，大都是臨摹空海請回的現圖曼荼羅而廣爲流布的。在空海《請來目錄》中有「大毗盧遮那大悲胎藏大曼荼羅一鋪、金剛界九會曼荼羅一鋪」的記載，此即現圖曼荼羅。爲空海之師惠果阿闍梨請供奉丹青李真等十餘位畫師所繪，而由惠果直接傳授。

而由於緣起的不同，因此在「現圖曼荼羅」中，金剛界曼荼羅與胎藏曼荼羅的方位是不同的，兩者正好相反。胎藏曼荼羅的下方是西方，而上方爲東方。金剛界曼荼羅則東方朝下，西方朝上。因此以我們的方向看來，在我們的右方金剛界曼荼羅是北方，胎藏界則是南方。

由於惠果以前未見有人組合兩部曼荼羅，而且惠果曾從不空受金剛界法，從善無畏的弟子玄超受胎藏法，而在現圖曼荼羅諸尊圖像中又可見到金、胎兩界的巧妙融合，因此，現圖曼荼羅被推定爲惠果所作。

在公元七世紀中期至八世紀初葉期間，阿地瞿多譯的《陀羅尼集經》，以及菩提流志所譯的《不空羂索神變真言經》、《一字佛頂輪王經》等雜密經典中，隨處可見胎藏界曼荼羅及金剛界曼荼羅的原形。

以大日如來爲主的純密胎藏曼荼羅遺品，現在有日本鎌倉初期的臨摹本，其原本是公元八五三年至八五八年時入唐的圓珍請回之《胎藏圖像》（奈良國立博物館藏）及《胎藏舊圖樣》。

前者是胎藏曼荼羅現見的最古本，爲善無畏所傳；後者介於《胎藏圖像》與現圖曼荼羅之間，就圖像而言屬於不空的系統。

金剛界曼荼羅的古本，有圓珍（公元八五五年抵達長安）得自法全所授、善無畏所傳的《五部心觀》（滋賀園城寺藏）。此曼荼羅由六會組成，缺現圖曼荼羅右側的理趣會、降三世會、降三世三昧耶會，尊像具有異國風格，成身會諸尊坐鳥獸座，一印會中尊非大日如來，而是持三鈷杵的金剛薩埵，比現圖曼荼羅更具古樣。

分析各種古本圖像，可知胎藏界曼荼羅的變遷過程應爲：《胎藏圖像》↓《胎藏舊圖樣》↓胎藏界曼荼羅。金剛界曼荼羅的變遷過程應爲：《五部心觀》↓金剛界曼荼羅。根據這些圖本，可推知現圖曼荼羅大抵是如何地逐漸增廣，終於形成目前所見，在構圖上重視左右相稱的兩界曼荼羅。

別尊曼荼羅的簡介

別尊曼荼羅又稱爲「諸尊曼荼羅」、「雜曼荼羅」。即是以金剛、胎藏兩部大日如來以外的諸尊爲中尊，所建之的曼荼羅。在這些曼荼羅中，顯現諸尊的特別殊勝之果德，並列出此尊所屬的部族及眷屬等。

例如，如意輪曼荼羅列出觀音部份的諸尊，皆屬於同一部族。而千手觀音曼荼羅，所列出的四十觀音，則屬於眷屬類。

別尊曼荼羅，主要是依據《寶樓閣經》、《不空羂索神變真言經》、《一字金輪佛頂經》……等經典而建立。而依諸尊的秘類，也有分爲如來、佛頂、諸經

別尊曼荼羅——理趣經曼荼羅

、觀音、菩薩、天等部的分別。

如來部有阿彌陀曼荼羅、釋迦曼荼羅，佛頂部有大佛頂曼荼羅、尊勝曼荼羅等，諸經部有寶樓閣曼荼羅、菩提場經曼荼羅、請雨經曼荼羅、童子經曼荼羅、理趣經曼荼羅，觀音部有如意輪曼荼羅，菩薩部有金剛手菩薩曼荼羅，天部有閻魔天曼荼羅、吉祥天曼荼羅、北斗曼荼羅等。

西藏曼荼羅的簡介

西藏密教的曼荼羅，一般的圖像，曼荼羅是將經典中的尊像聚集成圖，而這些圖像曼荼羅是出現在密教經典興起以後。但是如果要追溯其起源，那麼在大乘佛教興起的前後，在如來像的左右兩側，配上脇侍二菩薩可以說是曼荼羅發展的重要契機。

這時，代表如來種種屬性的菩薩，各自成爲如來的脇侍。因此，由兩脇侍組成三尊形式的尊像，除了見於犍陀羅的釋迦、觀音、文殊的石像彫刻之外；在笈

西藏曼荼羅——藥師佛曼荼羅

多王朝之後的摩突羅常見到釋迦、蓮華手、金剛手的三尊形式。尤其是後者，是開展出佛部、蓮華部、金剛部三部組織的雛型。

在後期的印度和西藏曼荼羅，隨著後期密教聖典「怛特羅」出現後，就將之前的密教經典也一併分爲「所作怛特羅」、「行怛特羅」、「瑜伽怛特羅」、「無上瑜伽怛特羅」等四類，而西藏曼荼羅也依此四部作爲曼荼羅的分類，而有別於傳統四種曼荼羅的分類方式，在第三篇中，我們會有更深入的探討。

別尊曼荼羅

第一章 緒論

別尊曼荼羅，又稱爲諸尊曼荼羅、雜曼荼羅。是以密教金剛、胎藏兩部的大日如來以外的諸尊爲中尊所建立的曼荼羅。在這些曼荼羅中，顯現諸尊的特別不可思議的功德，並列出以諸尊所屬的部族或眷屬等。

如意輪曼荼羅中所列出觀音部份的諸尊，其所列出的屬於同一部族。而千手觀音曼荼羅中，所列出的四十觀音，則屬於其眷屬類。

以下我們介紹各種別尊曼荼羅，例如：如來部有釋迦曼荼羅、阿彌陀曼荼羅；佛頂部有大佛頂曼荼羅、尊勝曼荼羅、熾盛光曼荼羅；佛母部有佛眼曼荼羅；諸經部有寶樓閣曼荼羅、菩提場經曼荼羅、請雨經曼荼羅、童子經曼荼羅、法華經曼荼羅；觀音部有如意輪曼荼羅；菩薩部有彌勒菩薩曼荼羅、八字文殊曼荼羅、妙見曼荼羅；天部有焰摩天曼荼羅、北斗曼荼羅等等。

第二章 佛部

釋迦曼荼羅

釋迦曼荼羅是在密宗修法中，以釋迦如來爲中心而建立的曼荼羅。此類的圖像，在諸經中所載各有不同。依據《大日經》卷五〈祕密曼荼羅品〉所記載，釋迦師子壇稱爲大因陀羅，其壇黃色，極令鮮麗，四方均等。於中畫金剛杵，杵上安置蓮花，蓮上置鉢。如果作佛形者，應當畫釋迦牟尼佛持鉢，又以金剛圍之，右邊安置袈裟，左邊安置錫杖。

釋迦曼荼羅

另外依據《釋迦牟尼佛金剛一乘修儀軌法品》所記載，若欲報無上釋尊恩德者，應當先作曼荼羅，其中央畫釋迦牟尼佛像，趺坐於白蓮花臺上。普賢、文殊、觀音、彌勒四菩薩安住於四隅，如胎藏中所説，各坐於蓮花上，半跏趺而居。於佛前有如來鉢，於佛右有賢瓶含花，於佛後有錫杖，於佛左邊有寶螺，四物各置於蓮葉之上，光炎圍繞。此即通常所稱的釋迦曼荼羅。

此外，《一切功德莊嚴王經》、《大方廣曼殊室利經》〈曼荼羅品〉等經中都有釋迦曼荼羅畫法的描述。

阿彌陀曼荼羅

阿彌陀曼荼羅即是以阿彌陀佛爲主尊而建立之曼荼羅。有金剛界式建立之理趣曼荼羅，與胎藏界式建立之九品曼荼羅、八曼荼羅等。

1.理趣曼荼羅：中央畫阿彌陀佛，前右左後各安金剛法、金剛利、金剛因、金剛語菩薩，四隅內外各安置四內、外供養，東、南、西、北四門各畫天女形表

阿彌陀曼荼羅

示貪欲，蛇形表示瞋，豬首表示癡，蓮花表示涅槃。

2.九品曼荼羅：中臺八葉開敷蓮華臺上爲上品上生之阿彌陀佛，周匝八葉安置八品之阿彌陀，內院四隅有法、利、因、語四菩薩，第二院有十二光佛、四攝菩薩、四外供養，第三院有二十四菩薩，每方各安置六菩薩。

3.八曼荼羅：又作八大菩薩曼荼羅。中央畫阿彌陀佛，周匝安置觀自在、慈氏、虛空藏、普賢、金剛手、文殊、除蓋障、地藏等八大菩薩，其外爲四攝、八供。

另有九字曼荼羅，乃九品曼荼羅與八曼荼羅之綜合。是安置彌陀、菩薩之共通種子（hriḥ，紇哩）於開敷蓮花之中臺、八葉上所建立之曼荼羅。

如果以形象代替種子，則中臺安觀音；八葉各安彌陀；次八葉安置觀音、慈氏、虛空藏、普賢、金剛手、文殊、除蓋障、地藏等八菩薩；內院之四隅布列嬉、鬘、歌、舞四供養，外院有香、華、燈、塗四供養，及鉤、索、鏁、鈴四攝菩薩。

由於八葉上彌陀之妙果爲因位願力所成，所以在中臺配置大悲觀自在菩薩，以顯示果德全分歸入因位之觀音。又於淨妙國土稱阿彌陀佛，於五濁惡世稱觀自在菩薩，這都是不外法身慈悲的化現。

第三章 佛頂及佛母部

大佛頂曼荼羅

大佛頂曼荼羅又稱為攝一切佛頂曼荼羅。是密教中以大佛頂為中尊而建立的曼荼羅。

《覺禪鈔》依據《大妙金剛經》所標的圖為：八葉蓮華之間以獨股杵為界，華臺坐法界定印的大佛頂尊師子座，周圍有七寶：女寶、馬寶、主藏神寶、輪寶、象寶、珠寶、兵寶四面圍繞；華葉之本為八佛頂，其次為八大菩薩，末列八大

大佛頂曼荼羅

明王，四角安置有四内供養菩薩，外院則有外四供養、四攝菩薩，其間配置八方天。

此外，於《覺禪鈔》第十一中記載：「大師御傳，以金輪曼荼羅竹生并龍女等畫爲大佛頂本尊。」而在第十八中說：「畫須彌山、大海，山上坐大日（金剛界），智拳印，上方畫釋迦金輪，有七寶并二龍王。」這是將金輪曼荼羅與大佛頂曼荼羅視爲同一。由此可知，在不同的經軌中，對此曼荼羅或有不同傳述。

尊勝曼荼羅

尊勝佛頂爲胎藏曼荼羅五佛頂之一。五佛頂中，以釋迦如來之佛頂所顯現之輪王形佛頂尊最爲殊勝。以能除一切煩惱業障故，號爲尊勝佛頂心，又稱爲除障佛頂。

尊勝曼荼羅全稱爲尊勝佛頂曼荼羅，此曼荼羅有兩種畫法，分別依據善無畏所譯《尊勝佛頂修瑜伽法軌儀》及不空所譯《佛頂尊勝陀羅尼念誦儀軌法》所作。

尊勝曼荼羅

依善無畏之軌儀，乃於中心畫大圓明，又分爲九圓，中央圓中畫毗盧遮那如來，頭戴五智寶冠，於七師子座上跏趺坐，手結法界定印。四方之圓畫白傘蓋佛頂、最勝佛頂、尊勝佛頂、光聚佛頂，四隅之圓畫勝佛頂、廣生佛頂、無邊聲佛頂、發生佛頂等八大佛頂；大圓外下方之左右畫降三世、不動二明王，中間安置香爐，上方之左右則畫有六個首陀會天。

依不空之儀軌，曼荼羅中央畫毗盧遮那如來，而於四方四隅安置觀自在菩薩、慈氏菩薩、虛空藏菩薩、普賢菩薩、金剛手菩薩、文殊師利菩薩、除蓋障菩薩、地藏菩薩等八大菩薩，四門安置四香爐，四隅安置四淨瓶，四角燃置四盞酥燈。

此外，尊勝曼荼羅尚有不同傳圖，如：《阿娑縛抄》卷第六十中，則於最外重四門安四大天王，四方置十二天，餘同前述不空儀軌之圖樣；而《曼荼羅集》參考圖像則在內四隅安四內供養，外四隅置四外供養，而於外四門畫四攝菩薩。

此外，《尊勝佛頂真言修瑜伽軌儀》卷下〈祈雨法品〉中說示有祈雨曼荼羅之圖相，此曼荼羅是於依尊勝法祈雨時所用，稱爲尊勝佛頂祈雨曼荼羅，又稱爲甘露曼荼羅。

佛眼曼荼羅

佛眼曼荼羅，爲密教中以佛眼佛母爲中尊而建立的三會八葉蓮華曼荼羅。

在《瑜祇經》卷下〈金剛吉祥大成就品〉詳載了有關此一曼荼羅的畫法：共畫三層八葉蓮華，中央畫佛眼佛母，第一華院畫一切佛頂輪王，手持八輻金剛寶輪，於此次右旋畫七曜使者。

第二華院畫八大菩薩，各執其本標幟。

第三華院畫八大金剛明王。華院外之四方四隅，畫有八大供養及四攝等使者，皆戴師子冠。

佛眼曼荼羅

熾盛光曼荼羅

熾盛光曼荼羅即是以熾盛光佛頂爲本尊所建立的曼荼羅。

依據經軌，本曼荼羅有數種形式，如依據《大聖妙吉祥菩薩說除災教令法輪》記載，是於淨白緤或淨素布上畫出十二輻輪，輪的中心畫八葉白蓮花，花的中心畫金輪佛頂一字真言（bhrūṁ，悖嚕吽），在字後先畫熾盛光佛頂，於熾盛光佛頂前隔著真言字畫佛眼部母，次於佛的右邊畫文殊師利菩薩，左邊畫金剛手菩薩，四尊相對而坐。

依次再畫不思議童子、救護慧、毗俱胝、觀自在等四尊菩薩。此八尊外側畫圓界道，界道上畫熾盛光、佛眼、文殊、金剛手的真言。

其外畫的日、月、五星、羅睺、計都等九執星宿，及大梵天、淨居天、那羅延天、都史多天、帝釋天、摩醯首羅天等十二尊（一說十五尊），於諸天外畫界道，其外再畫十二獨股杵爲金輪之輻，輻間共置十二宮，佛背後安置虛宿，佛前安

熾盛光曼荼羅

置七星宿。

於此十二宮外復安置二十八宿，二十八宿外圍畫輪緣爲車輞之形，輞上畫八方天，空處書熾盛光真言及緣生四句偈。輪外畫百八朵青蓮花，一一葉上書𑖀（a，阿）字。外畫方形界道，界道上畫獨股杵，周匝爲結界。方界內、輪外四角安置四大明王。

另外依據《大妙金剛大甘露軍拏利焰鬘熾盛佛頂經》所說的曼荼羅，主尊是手持八輻金輪，坐於七獅子座上，身上放出無量光明，周圍繞以八佛頂。此類曼荼羅在敦煌千佛洞也有出土。

第四章 菩薩部

彌勒菩薩曼荼羅

彌勒菩薩（梵名 Maitreya）。又稱爲梅怛麗耶菩薩、末怛唎耶菩薩，迷底屨菩薩、彌帝禮菩薩。意譯作慈氏。

依《彌勒上生經》、《彌勒下生經》所載，彌勒出生於婆羅門家庭，後爲佛弟子，先佛入滅，以菩薩身爲天人說法，住於兜率天。

在密教中，彌勒菩薩爲胎藏界曼荼羅中臺九尊之一，位居大日如來東北方；

彌勒菩薩曼荼羅

於金剛界曼荼羅則為賢劫十六尊之一。關於他的形像有種種異說，如《八大菩薩曼荼羅經》及《大孔雀明王畫像壇場儀軌》記載，為身呈金色，左手持軍持，右手掌向外上揚，作施無畏之勢。三昧耶形為瓶或塔，密號迅疾金剛。

此外，依據《慈氏愈誐念誦法》所說：彌勒菩薩的曼荼羅有數種：

1.在該經〈五大觀門品〉有觀想曼荼羅的說法，在大圓明內更有五圓明及四隅四半月輪，此外尚有八寶塔、四金剛輪、四金剛杵界道等。其中圓明本尊為慈氏（彌勒）菩薩，接著四面為四波羅蜜菩薩、四隅內為四供養等菩薩。

2.同經〈畫像品〉中有以白氈、布絹等畫曼荼羅的說法：在中心畫大圓明，就大圓明中更分為井字形，中心畫五圓明，四隅畫四半月。圓明中間用十二金剛界道，每金剛頭上安窣覩婆（塔）法界之印。

中心安置本尊慈氏菩薩，於本尊右邊的圓明中，畫事業波羅蜜菩薩，左圓明中畫寶波羅蜜菩薩，前圓明中畫法波羅蜜菩薩，後圓明中畫金剛波羅蜜菩薩。東北隅半月中畫花波羅蜜菩薩，東南隅半月中畫燈波羅蜜菩薩，西南隅半月中畫香波羅蜜菩薩，西北隅半月中畫燒香波羅蜜菩薩。

在大圓明下右邊畫降三世明王於半月輪漫拏攞中，左邊畫三角形曼荼羅，於中畫不動尊。

3.同經〈大漫拏攞品〉以築土壇畫出曼荼羅的說法：即取十肘，或八肘、五肘乃至最勝四肘爲界，若取十肘者，以五肘爲中心圓明，五肘分爲兩邊，若取四肘則分二肘爲中心，二肘分爲兩邊，又四面二肘分爲兩院。

中心大圓明又更分爲九圓明，其中心更分爲九圓，於中心及四面四圓畫本尊及佛爲中心，各有四波羅蜜等菩薩，四隅半月輪各畫四供養菩薩。最中心本尊，四面四波羅蜜，四面四圓四方佛，各依本部四智波羅蜜菩薩，四隅四內供養。四圓各依四部四印母地菩薩，四隅隨四方畫本部四攝及外供養印等。更有第二、第三院的諸尊之說。

4.在〈漫拏攞品〉中觀想曼荼羅的說法：觀一世界爲一漫拏攞會，知足宮爲中心。中心三重爲圓漫拏攞，外兩重爲方漫拏攞。中心第一圓內更分五圓，四隅四半月，皆置五尊，第二院置十方諸佛，第三院置諸大菩薩，第四院方壇十方諸佛兼菩薩及二侍者，八大菩薩、八大明王、悉地仙眾、八大聲聞、及四大緣覺等眾。第五院置二十八天及諸三十三天十方結護神王等，又置七曜、二十八宿、十二宮辰。

八字文殊曼荼羅

八字文殊曼荼羅，是以八字文殊菩薩爲中尊所安立的曼荼羅。此尊以（oṃ，唵）、（āḥ，噁）、（vi，尾）、（ra，羅）、（hūṃ，吽）、（kha，欠）、（ca，者）、（raḥ，落）等八字爲真言，故稱八字文殊。以其頂上有八髻，故又稱八髻文殊菩薩。於息災、惡夢等場合修此法。其形像爲身放金色光明，乘獅子王座，右手持智慧劍，左手執青蓮花，於蓮花臺上安立智杵。此尊的曼荼羅有三重建立及五重建立，稱爲八字文殊曼荼羅，而在不同經軌中，有不同的異說。

依《八字文殊儀軌》記載，息法曼荼羅畫法，應先於當心作一圓輪猶如圓月，當中心書滿字，次從字後北面書唵字，次右旋東北角書阿字，次

八字文殊曼荼羅

東方書 味字，次東南隅書 羅字，次南方書 字，次西南角書 字，次西方書 左字，次西北隅書 洛字，以此九字爲內院中尊，或於院中畫妙吉祥童子，頂有八髻，前五髻、頂上一髻、頂後兩髻，一一髻上，皆有佛身。

又曼陀羅中尊，息災法用 （滿，maṁ），增益法用 （室利，çri），調伏法用 （淡，dhaṁ）字或 （瑟置唎，ṣṭhri）。

又依儀軌記載，第二院應安佈八文殊尊前南面畫請召童子、西南隅置計設尼童子，西方爲救護慧童子，西北隅畫烏波計設尼童子，後面北方畫光網童子，東北隅畫地慧幢童子，東方左邊畫無垢光童子，東南隅畫不思議慧童子，這八方妙吉祥童真菩薩，都面向中尊如奉教勢，坐蓮華上一一各乘師子。二手各有執持標幟印契。

在圓輪外四角中畫四忿怒明王，東南角畫降三世金剛青色八臂，當前二手結印檀慧反相鉤，餘拳豎進力；左手執弓，右手把箭架；左一手執杵，一手執索；右一手執戟，一手把棒；三面口角現牙，坐火焰中。西北角無能勝明王四臂青色三面，火髮聳上，右一手作拳豎頭指，一手執三股戟。一手施願，一手執棒，安坐蓮華。

西南角閻曼德迦金剛，身呈青黑色，六頭六臂六足各執器仗，左上手執戟，次下手執弓，次下手執索，右上手執劍，次下手執箭，次下手執棓，乘青水牛爲座。東北角畫馬頭明王，有三面；六臂各執器仗，左上手執蓮華，一手執瓶。一手執棓當心，二手結印契，右上手執鋼斧，一手執數珠，一手執索輪王，坐在蓮華中，大忿怒相現極惡猛利勢。

第三院十六大天外護，當尊前爲鉤菩薩，次西爲焰魔后，次西爲羅刹主，當角爲燒香供養菩薩；次北爲羅刹后，次北爲水天，西門索菩薩，次北龍天后，次北風天王，西北角華供養菩薩；次東風天后，次東毗沙門天王；尊後北方金剛鎖菩薩，次東毗沙門后，次東伊舍那天王，東北角燈供養菩薩，次南伊舍那后，次南帝釋天王；左方東門金剛鈴菩薩，次南帝釋后，次南火天神，東南角塗香供養菩薩，次西火天后，次西焰魔天，以上第三院安布諸尊竟。

四門及食道、四角同諸壇法，寶性草亦同，四門蓮華葉細如青蓮華。

而在《曼荼羅集》卷中，則載有：第二院便布八聖，所謂四攝、四明王等（

亦有安置八文殊童子），壇內第二院外，布列十二大天，如熾盛光法，次第四院布二十八宿，第五院安十二宮神、外四明王，（圖繪於四門置四攝菩薩）餘同諸法。

此曼荼羅除上述圖樣外，依不同經軌尚有不同傳圖。

如意輪曼荼羅

如意輪曼荼羅即是以如意輪觀音為中尊而建立的曼荼羅。有各種異說：

1.依據《如意輪陀羅尼經》〈壇法品〉所載，此曼荼羅分為內、外二院。

內院中心畫三十二葉的開敷蓮花，花臺上安置二臂如意輪聖觀自在菩薩。左手持蓮花、花上有寶珠，右手結說法印。四方各為東面圓滿意願明王、北面大勢至菩薩、西面馬頭觀世音明王、南面四面觀世音明王，四隅則為白衣觀世音母菩薩、多羅菩薩、一髻羅剎女、毗俱胝菩薩。

外院四方為東面天帝釋及諸天眾、南面焰魔王及睹鬼母、西面水天及諸龍、北面多聞天及藥叉眾；四隅為火天神、羅剎王、風天王、大自在天王；又其間有

如意輪曼荼羅

日天子、月天子、地天神、大梵天王、阿素羅王、始縛婆歌明王。

2.依據《別尊雜記》卷十八所記載，內院有大輪圓，圓之中心爲二臂如意輪觀音，其四方、四隅安置圓滿意願明王等八大觀音（如同前述），大輪圓外之四隅則畫嬉、鬘、歌、舞等內四供養菩薩；外院四方爲鉤、索、鏁、鈴等四攝菩薩，四隅爲香、花、燈、塗等外四供養菩薩；又外院東面爲月天、多聞天，南面爲自在天、梵天、帝釋天、火天，西面爲地天、焰魔天，北面爲羅刹天、日天、水天、風天。

而在《別尊雜記》卷第十八中另圖繪有中央置六臂如意輪觀音，而其四方四隅依次安置有馬頭、十一面、不空羂索、毗俱胝、白衣、葉衣、四臂千手、聖等八尊觀音。而於外重四門依次安佈毗沙門天王、帝釋天、焰魔天、水天；次於四隅依次安立大自在天、火天、羅刹天、安風天；次於四方依次列有梵天、月天，日天、地天等的不同圖樣。

《七星如意輪祕密要經》所舉的七星如意輪曼荼羅，則於中央造五色輪，象如車輪，或八道或十道或十二道，輪約間畫波折羅相，輪輻上亦爾，中央安如意

七星如意輪曼荼羅

輪王菩薩；一一輪間安七星象及訶利母位。一一象前安燈、蘇、香等種種供養。

此外，以如意輪爲本尊之曼荼羅，於各經軌中尚有不同異說或傳圖流世。

妙見曼荼羅

妙見菩薩，又稱尊星王、妙見尊星王、北辰菩薩。表北極星天尊，密教視爲眾星中之最勝者，具有守護國土、消災卻敵、增益福壽等功德。其修法稱北斗法、妙見法、尊星法，可禳災、護國、治療眼疾。

此尊之形像，一般作菩薩形或乘龍於雲中之天女形，有二臂、四臂之別。其中，二臂像爲菩薩形，左手持蓮花，蓮上有北斗七星，右手拇指、食指相捻，中指稍屈，掌向外，作說法印，頭戴寶冠，結跏趺坐於五色雲中。

妙見曼荼羅，即是密教用以顯示妙見菩薩內證的曼荼羅。其圖式，是在中央的大月輪中，繪妙見菩薩爲中尊，其周圍繪七小月輪，月輪中有北斗七星，此是內院之眾。

妙見曼荼羅

北斗七星依月輪方位順序爲西南貪狼星、西面巨文星、西北祿存星、北面文曲星、東北廉貞星、東面武曲星、東南破軍星等，妙見菩薩之前安置一座輪寶。

外院依方位順序，繪有東方寅位的甲寅將軍、卯位的丁卯從神、辰位的甲辰將軍，南方巳位的丁巳將軍、午位的甲午將軍、未位的丁未從神，西方申位的甲申將軍、酉位的丁酉將軍、戌位的甲戌將軍，北方亥位的丁亥從神、子位的甲子將軍、丑位的丁丑從神。而四角四門處以星作界，四角的空處繪有花瓶。

第五章 天部

北斗曼荼羅

北斗七星是指在北方聚成斗（杓）形的七星。略稱爲北斗。即離北極約三十度距離的天樞、天璇、天璣、天權、玉衡、開陽、瑤光等七星。在天文學中，稱爲大熊星座，其俗名各爲貪狼星、巨門星、祿存星、文曲星、廉貞星、武曲星、破軍星等。

在古代的星宿觀中，以天樞爲七星的正星，主陽德；天璇爲法星，主陰形；

北斗曼荼羅

天璣爲令星，主伐害；天權爲伐星，主天理；玉衡爲殺星，主中央四方；開陽爲危星，主天食五穀；瑤光爲部星，主兵。

密教的尊星王法、北斗法、北斗護摩等法，均祈念此七星。以北斗七星爲中心所描繪的曼荼羅稱爲北斗曼荼羅，這是以星辰做爲供養本尊。其中有方曼荼羅及圓曼荼羅的畫法。

1.在方曼荼羅中，面向南方，內院的中央畫頂輪王即釋迦金輪，前方爲土曜、南、西、北、東是火、金、水、木曜，火曜的東隅爲羅睺星，西隅爲計都星。水曜的西隅爲月曜、東隅爲日曜。第二院南中央爲師子，東爲女，接著向東北西圍繞著爲秤、蝎、弓、摩竭、瓶、魚、羊、牛、男女等星，南面師子的西方爲蟹等十二宮排列。外院從東面南端至東北西南圍繞爲角、亢、氐、房乃至翼軫等二十八宿的排列。

2.圓曼荼羅，其內院爲輪王、周圍有佛眼及七星，再次圓周爲九執星，接著的圓周爲十二宮，最外院是二十八宿。

焰摩天曼荼羅

焰摩天（梵名Yama），是護世八方天之一，十方護法神王之一，十二天之一，外部二十天之一。在密教中特將閻魔王稱爲焰摩天，而列之於天部。然焰摩天之形像與閻魔王不同。

以焰摩天爲中心所建立之別尊曼荼羅，即爲焰摩天曼荼羅，是修焰摩天法時所用的曼荼羅。此法主延壽除災、祈求冥福用。其圖相有數種，據《金剛頂瑜伽護摩儀軌》所載，主尊焰摩天乘水牛，右手執人頭幢，左手仰掌，垂右腳；有二天女及二鬼使者隨侍。

日本《覺禪鈔》之圖相爲中央焰摩天踞於水牛背上，左右有二后，外邊各安成就仙、遮文荼，天之上部中央有太山府君，著唐服凭几，其左右坐毗那夜迦、拏吉尼。天之下方中央有五大道神坐於床上，其左方爲司命、右方爲司錄。

而在《大日經》〈祕密品〉及《大日經》卷十六中說，南方閻摩王當作風壇

焔摩天曼荼羅

，壇中畫但荼印，王右邊畫死后，以鈴爲印，左邊畫黑暗后，以幢爲印，七母同用沒羅蘖印，七母等的眷屬有烏鷲狐及婆栖烏，都在風輪中圍繞七母。

焰摩天曼荼羅

，壇中畫但荼印，王右邊畫死后，以鈴爲印，左邊畫黑暗后，以幢爲印，七母同用沒羅蘖印，七母等的眷屬有烏鷲狐及婆栖烏，都在風輪中圍繞七母。

第六章 諸經部

法華曼荼羅

法華曼荼羅爲雕畫《法華經》的經相曼荼羅。又稱爲法華經曼荼羅、法華變相。是密教修《法華經》法時，所依用的曼荼羅。據《妙法蓮華經》〈寶塔品〉記載，以釋迦、多寶二佛爲主尊。

依《觀智儀軌》中描述，其壇三重，當中內院畫八葉蓮華，於華胎上，置窣覩波塔，於塔中畫釋迦牟尼如來及多寶如來同座而坐，塔門西開。於蓮華八葉上

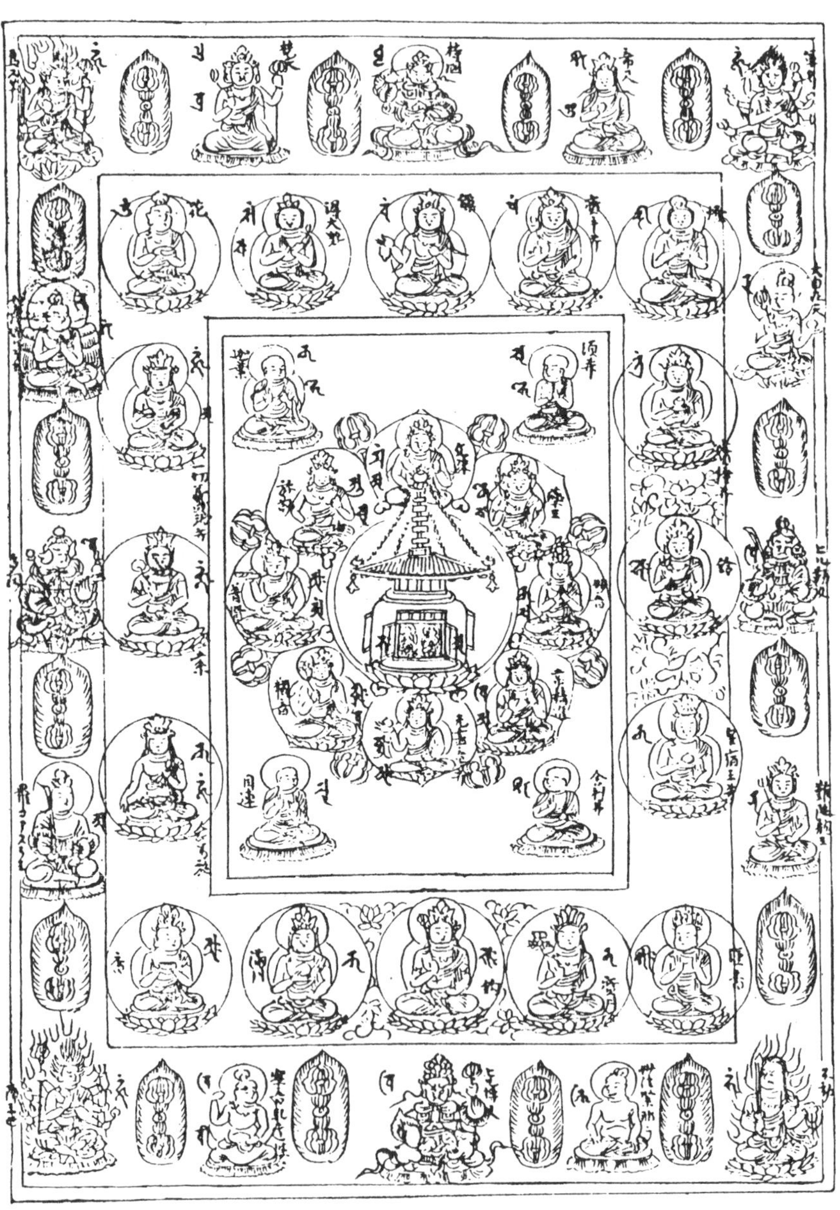

法華曼荼羅

，從東北爲首，右旋布列安置八大菩薩，初爲彌勒菩薩，順次爲文殊師利、藥王、妙音、常精進、無盡意、觀世音及普賢菩薩。於此院四隅角內，初東北隅畫摩訶迦葉、次東南須菩提、西南舍利弗、西北大目犍連。

次於第二重院東門置金剛鎖菩薩、南門置金剛鈴菩薩，當塔前門爲金剛鉤菩薩、北門金剛索菩薩。於東門北置得大勢、門南置寶手、南門東置寶幢、門西置星宿王，西門南置寶月、門北置滿月，次於北門西置勇施、門東置一切儀成就等八菩薩。又東北隅安華、東南隅安燈、西南隅安塗香、西北隅安燻香等四供養菩薩。

次第三重院東門爲持國、南門爲增長、西門爲廣目、北門爲毗沙門等四大天王。東方門北大梵天王，門南帝釋，南方門東大自在天、門西難陀龍王，西方門南妙法緊那羅王、門北樂音乾闥婆王，北門西羅睺阿修羅王、門東如意迦樓羅王，東北方烏芻沙摩金剛、東南方軍吒利金剛、西南方不動尊金剛、西北方降三世金剛。並在壇的四面畫飲食界道。

我國自古即盛行《法華經》之信仰，所以關於《法華經》說法相的圖畫、雕塑亦不少。如《古今圖書集成》〈神異典〉第九十一記載，汝南侯大祥圖寫妙法蓮華經變一鋪。而大同雲岡及龍門石窟中，亦發現六朝時代所刻之釋迦、多寶二佛並坐之多寶塔，甘肅省敦煌千佛洞中，亦有唐宋時代之法華變相壁畫數種。其中敦煌千佛洞第八窟之壁畫，即《法華經》〈序品〉之說相，第七十四、八十一、一○二、一一七、一二○F、一六八等窟皆為法華諸品之說相。第九十七、一一一、一三五C等窟，有多寶塔之壁畫及雕塑。

六字經曼荼羅

六字經曼荼羅，即是六字經法的本尊曼荼羅。同法的本尊有異說，所以此曼荼羅有不同種類。

觀宿僧都所傳的圓曼荼羅，其中央為金輪佛頂，周圍由前向右繞有馬頭、聖觀音、千手、如意輪、十一面、准胝等六觀音。圓外下方繪有不動及大威德二明王。

六字經曼荼羅

又，醍醐之圖在大月輪的中央爲釋迦金輪，金輪之前向右旋爲聖千手（六面二臂）、馬頭、十一面、准胝、如意輪等六觀音；大月輪的下方有圓鏡，在繞著明鏡水中，有六尊神形，神形的左右有不動、大威德二明王，上方有二飛天。二明王是降魔尊，因此列於此處。而明鏡在山中惡獸來襲時，明鏡映照其影，惡獸見影心怖而退，所以畫此除魔之意的明鏡，而明鏡在《瑜祇經》中說是聖觀音的三昧耶形。

明仙所傳爲內院是以聖觀音爲中心的六觀音，第一重置觀音部的十六尊，第二重爲十二支神、第三重爲十二天，配置爲圓曼荼羅。

天台的傳圖稱爲六臂六字明王，周圍有十二支動物配置的方曼荼羅。

據《大乘莊嚴寶王經》中記載，此曼荼羅相爲周圍四方各五肘量，中心安置無量壽如來，如來右邊安持大摩尼寶菩薩，如來左方畫四臂肉色的六字明王，左手持蓮華，蓮華上安摩尼寶，右手持數珠，下二手結一切王印；於明王足下畫有天人、種種莊嚴，右手執香爐、左手掌中的鉢盛滿諸寶。曼荼羅的四角安置四大天王，執持種種器仗，外四角安四賢瓶滿盛種種摩尼寶。

仁王經曼荼羅

仁王經曼荼羅是依據《仁王經》及《仁王經道場念誦儀軌》所繪的曼荼羅。修《仁王經》法時所用。一般有二種：

1.懸曼荼羅，即懸掛於道場者。繪有金剛手菩薩持金剛杵、金剛寶持寶珠、金剛利持劍、金剛藥叉持金剛鈴、金剛波羅蜜多持輪等五方菩薩，及其正法輪身普賢、虛空、文殊師利、摧一切魔怨、轉法輪等五菩薩，與教令輪身降三世、甘露軍荼利、大威德、淨身金剛、不動等五大明王，並繪諸眷屬。其正法輪身、教令輪身及眷屬配置如下：

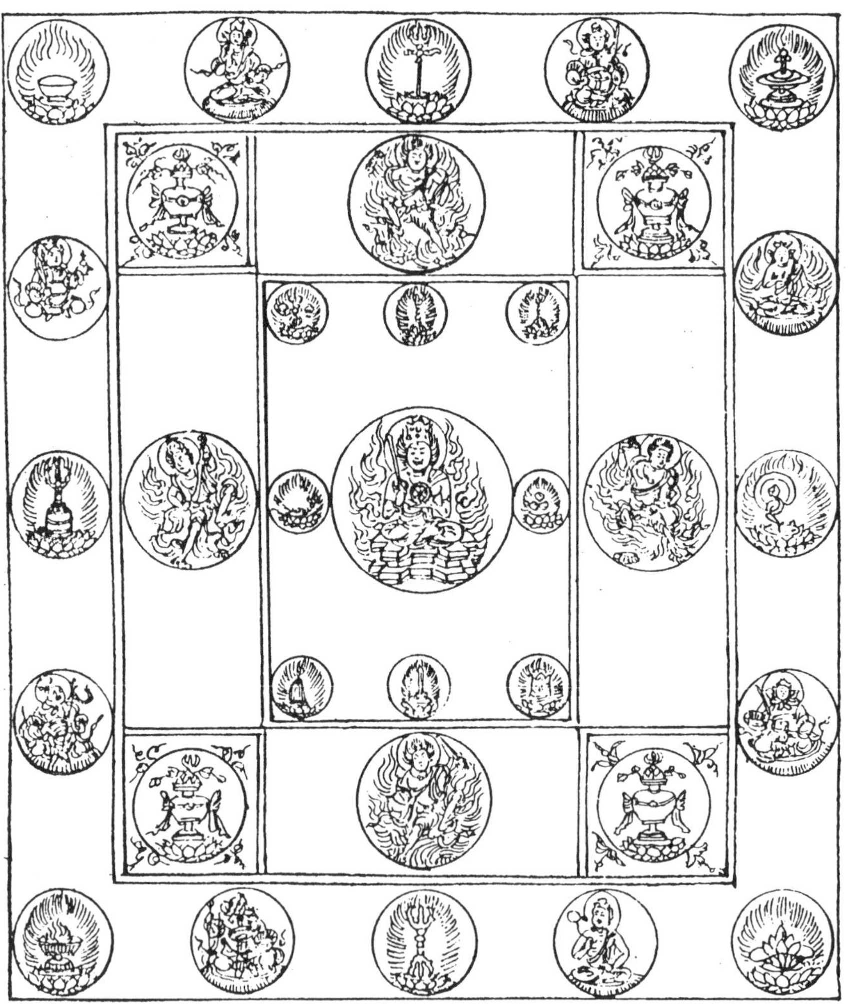

仁王經曼荼羅

方位	正法輪身	教令輪身	眷屬
東	金剛手菩薩	降三世明王	持國天
南	金剛寶菩薩	軍荼利明王	增長天
西	金剛利菩薩	大威德明王	廣目天
北	金剛藥叉菩薩	淨身金剛明王（烏樞沙摩明王）	多聞天
中	金剛波羅蜜多菩薩	不動明王	帝釋天

2.敷曼荼羅，即敷設於大壇之上者。於壇之四重分別圖繪五方菩薩之正法輪身、內外四供養、四攝菩薩之三昧耶形。

另依據《仁王儀軌》記載，於壇中心畫十二輻輪，東畫五股金剛杵，南邊畫金剛寶，西邊畫金剛劍，北邊畫金剛鈴，也就是五方菩薩手中所執祕密之契。東南隅畫三股金剛杵，西南畫寶冠、西北隅畫箜篌，東北隅畫羯磨金剛杵，於四角上放置四賢瓶。

次第三重東門畫金剛鉤，南門畫金剛索，西門畫金剛鏁，北門畫金剛鈴。東南角畫香爐，西南角畫荷葉、於中畫雜花，西北角畫燈，東北角畫塗香器。

於《阿娑縛抄》中，則有中央不動尊，四門畫四菩薩的三昧耶形，四隅置四內供養之三昧耶形。次於第二重四門安四明王，四隅置四賢瓶。而於最外重四門安四攝菩薩、四隅安四外供、四邊依次畫水天、廣目天、風天、多聞天、帝釋天、持國天、火天與增長天之圖樣。

此曼荼羅除上述不同傳圖外，尚有其他不同圖樣流布於世。

菩提場經曼荼羅

菩提場經曼荼羅乃爲誦持菩提場莊嚴陀羅尼所作之曼荼羅。

《菩提場莊嚴陀羅尼經》中記載其畫像法爲：當中畫釋迦牟尼佛於菩提樹下安坐在師子座上；釋迦牟尼佛上又畫一佛作說法相；釋迦牟尼右邊畫聖文殊師利菩薩，在蓮華上雙膝跪坐，二手捧鉢，作獻佛勢；佛左邊畫聖金剛手菩薩，面貌呈忿怒瞋相，一切寶莊嚴其身，手拿金剛杵，作旋轉勢，於蓮華上雙膝跪坐。

文殊師利後畫一寶幢，於寶幢中畫如來坐師子座，作安慰相；金剛手後畫菩提場陀羅尼經夾，置於寶篋中，寶篋四面周匝畫佛，安坐師子座上。於寶篋下畫

菩提場經曼荼羅

金剛使者，作威怒形。於寶幢下畫吉祥天女；於佛下當中畫四大天王，皆被甲冑，作威怒形；天王下畫持誦者，左手執香爐，右手持念珠，瞻視世尊。經中並記載，毀謗大乘教法、聖者，及作五無間的惡罪將墮於惡道者，畫此曼荼羅，能消滅其罪業。

經中又記載，曼荼羅，其壇周圍十六肘量，四角畫四天王，中央畫佛形像，於各門中畫寶樹，於東門畫吉祥天女，南門畫辯才天女，西門商棄尼天女，北門華齒天女，畫好後，以稻穀、花和白芥子散在壇上，並散花、塗香及末香。四角安四香水瓶，以四器盛飲食供養，四門放置四香爐及種種飲食、花鬘、三白食，四角安四盞燈。念誦者面向東坐。行者才入此曼荼羅，一切罪障悉皆消滅、一切悉地皆得成就、一切福聚生長，不被鬼神侵擾、諸天擁護、晝夜安穩，得不退轉地。

寶樓閣經曼荼羅

寶樓閣經曼荼羅又稱寶樓閣曼荼羅。爲持誦《大寶廣博樓閣善住祕密陀羅尼經》陀羅尼時所用的曼荼羅。

此曼荼羅依據經中記載，其壇四肘四門，於壇中心取二肘，拼作一小方壇。於小壇中畫七寶樓閣，於樓閣中畫一佛形像作説法相，佛前有一蓮華，於蓮華胎中畫一輪，其輪百輻臍輞具足，輪外有焰光；佛左邊畫金剛手菩薩，右手執金剛杵、左手執白拂；右邊畫摩尼金剛菩薩，左手執持寶珠、右手執白拂；四角各畫四天大王。

於中壇南門中畫大吉祥天女，北門中畫餉棄尼天女，壇西門中畫金剛使者天女，具八臂，持種種器仗；其中壇四門外，各立吉祥標門。其大壇東門中畫訶利帝母，南門中畫大自在天王，西門中畫華齒羅刹女，北門中畫毗摩天女。

次院的東南西北方各畫花齒天女、地天、金剛使者天女及梵天；東南爲餉棄

寶樓閣經曼荼羅

尼天女、西南爲吉祥天女、西北爲毗紐天、東北爲大自在天。外院的東南西北四方各爲持國、增長、廣目、及多聞四天王。

請雨經曼荼羅

請雨法又稱爲祈雨法、雨乞法。特指依據《請雨經》而修的法，所以又作《請雨經法》。即依《大雲輪請雨經》與《大孔雀呪王經》等所說，爲五穀成熟而祈請降雨的修法。這是依據種種密教經軌而舉行的法門；法會乃在泉池之畔，圍以青色幕，幕內築壇，依法舉行。此時以釋迦爲中心所畫的龍王等圖，稱爲請雨經曼荼羅。

在《大雲經祈雨壇法》中說：在露地上作一方壇，於壇中畫七寶水池，池中畫海龍王宮，於龍宮中有釋迦牟尼如來。佛右畫觀自在菩薩，佛左畫金剛手菩薩，佛前右畫三千大千世界主輪蓋龍王。佛前左畫難陀、跋難陀二龍王。於壇四方各畫一龍王。東方龍王一身三頭，量長三肘；南方龍王一身五頭，量長五肘；西

請雨經曼荼羅

方龍王一身七頭，量長七肘；北方龍王一身九頭，量長九肘，各眷屬圍繞，皆在靉靉青黑雲中。半身以下如蛇形，尾在池中，半身以上如菩薩形，皆合掌從池涌出，於壇四角安置四清水瓶。

那連提耶舍的《請雨經》卷下說：作四方各十二步的道場，場中建方十步高一尺的壇。壇中央設一高座，高座東方三肘之外畫有一身三頭的龍王、南方五肘之外畫有一身五頭、西方七肘之外畫一身七頭、北方九肘之外畫一身九頭的龍王，左右各有眷屬圍繞。壇的四角各安置華瓶。闍那耶舍的《請雨經》說法略同。

《陀羅尼集經》卷十一則說：在池側四方各五十步之地，淨治道場。於中心建十二肘或八肘之壇。在壇四方的界畔唯作一重間隔，並開四門。四門中以泥各作一龍王，東門的龍王身長三肘一身三首，南門龍王身長五肘一身五首，西門龍王身長七肘一身七首，北門龍王身長九肘一身九首。各龍龍身立地，龍身一肘在壇內，其餘在外。

壇的中心以泥作一龍王，身長八肘，一身一首，龍頭向東。五龍王之前各置一大瓦瓶。而壇的內外以泥製作許多小龍子形爲眷屬。

西藏曼荼羅

第一章 緒論

在密教經典中，譯於六世紀初，而現在已佚失的漢譯本《牟梨曼陀羅咒經》，可以說是具體的曼荼羅的先聲。在這一經典中，除了有簡略的三尊形式之外，也出現了柔和寂靜，或忿怒、多面多臂的諸尊。其後，如《陀羅尼集經》，因爲諸尊的數目增加，而進行不同的分類。此時來自《金光明經》和《觀佛三昧海經》的佛國土與四方佛的思想混合，加上法身大日如來思想的確立，所以在《大日經》、《金剛頂經》等兩部大經中，遂開展出壯闊繁複的金、胎兩部曼荼羅世界。

在佛教中，如《大日經》、《金剛頂經》等中期密教之前的經典，通常都稱作「經」（sutra），但是後期密教聖典（Tantra）出現後，則連同其前的密教經典，一併稱爲「怛特羅」。在後代的印度及西藏，因此將密教聖典分爲四類，即：

(1)所作怛特羅（事續、作續、作部）：指初期密教的經典，即成立於《大日經》及《金剛頂經》兩部大經之前的經典，契如《蘇悉地經》、《蘇婆呼童子請問經》。這些經典除手印與真言之外，還規範了一些繁瑣的儀軌。

(2)行怛特羅（行續、行部）：指《大日經》系的密教經典、除了儀軌之外，並兼說瑜伽觀法。

(3)瑜伽怛特羅（瑜伽續、瑜伽部）：指《初會金剛頂經》系的密教經典；重視瑜伽觀法更甚於儀軌。

(4)無上瑜伽怛特羅（無上瑜伽續、無上瑜伽部）：是指後期的密教聖典，即《金剛頂經》系的思想加上「無上瑜伽」的理論所發展而成的經續。又可細分爲父續、母續、不二續等三類。

其中，父怛特羅（父續）與轉瞋毒爲覺力有關；母怛特羅（母續）所奉的本尊與轉貪毒爲覺力有關；不二怛特羅（無二續）與轉癡毒爲覺力有關。

在後期印度和西藏的曼荼羅，也採用了這四部的分類，因此，透過四部怛特羅的觀點，如果依據這四部，作爲曼荼羅的分類，那麼將有別於原有以大曼荼羅、三昧耶曼荼羅、法曼荼羅及羯磨曼荼羅的分類方式。

大、三、法、羯磨四種曼荼羅的分類法，主要是依據《金剛頂經》所說，但事實上也可以推爲各部曼荼羅的分類法。如西藏的宗喀巴大師在其《密宗道次弟廣論》卷三就說：「心、印、咒、明，如其次第，即是四章所說大曼陀羅、陀羅尼曼陀羅、法曼陀羅、業（羯磨）曼陀羅。此說瑜伽部及事、行兩部儀軌，皆可修習。」

由此可知，作部及行部也可以用大、三、法、羯摩四部分類，但同時依無上瑜伽部的看法，又可建立作部、行部、瑜伽部、無上瑜伽部等四個深層次第。

我們現在依據此一觀點，來將無上瑜伽部的曼荼羅（現在已要爲藏密）加以分類並說明：

⊙所作曼荼羅

所作怛特羅是以供養、承俸、安置曼荼羅諸尊的前行法及作壇法爲主的密教經典。主要爲《金剛頂經》或《大日經》兩部大經之前的密教初期經典。在西藏著名的《布頓佛教史》中將此部的經典分爲：

(1)關於「妙吉祥續」（密宗經典稱「續」）類的目錄
(2)關於「觀世音續」類的目錄
(3)關於「金剛手續」類的目錄
(4)關於「注釋續」類的目錄
(5)關於「不動金剛續」類的目錄
(6)關於「明母續」中「救度母續」類的目錄
(7)關於「頂髻續」類的目錄
(8)關於「一切續部」類的目錄
(9)各種小咒類的目錄

而依據這些所作怛特羅所繪製的曼荼羅，即是所作曼荼羅。這一類的法門除了上述的《蘇悉地經》、《蘇婆呼童子請問經》等之外，又包含了各種獨部的做法。在出世間中包括如來部、蓮華部、金剛部等，而世間也包括財部、藥義部及世間部等。

因此，此類曼荼羅與別尊曼荼羅大體相似，包括了一般性各類文殊、觀音、金剛手、度母、金剛、諸佛頂髻的修法、諸天等獨部的曼荼羅。

⊙行部曼荼羅

行怛特羅的代表，就是在中國、日本最為人所熟悉的《大日經》。但是《大日經》的流行在印度被稍後成立的《金剛頂經》中的瑜伽思想所超越。因此，一般認為在印度，並沒有留下《大日經》等相關經典和尊像的遺跡。

不過，根據日本學者在東印度奧利沙州佛教遺跡的調查，發現眾多的《大日經》（胎藏系的曼荼羅）系的大日如來、不動明王、不空羂索觀音等的石像。因此以前的說法可能要加以修正。

此外，《大日經》的西藏譯本，是九世紀初，印度僧西連多拉菩提（Silendra-bodhi）與西藏翻譯官巴爾謝（Dpal-brtscgs）合譯而成。全書分內外兩篇，其中內編和漢譯的前六卷相當，內容亦大同小異，但章品的廢立及次第則不同，藏譯本僅分二十九品；外編則分〈寂靜護摩儀軌品〉等七品，合內外編亦為三十六品。但藏譯外編，漢譯全無；而漢譯的第七卷，藏譯以「供養儀軌」之名收在《丹珠爾》之中。

此外，在西藏也有白描的胎藏系曼荼羅，不過實例較少。

而在西藏佛教中，關於瑜伽、無上瑜伽的兩類曼荼羅，則有很多範例。

⊙瑜伽密教的曼荼羅

瑜伽（yoga）類的密教經典，以《初會金剛頂經》的《真實攝經》（Tattvasamgraha）為中心。兩部曼荼羅之一的金剛界曼荼羅，即屬於此一範疇。一般的金剛界曼荼羅，如果詳細的分類，可分成三種：1.以九個部分合成的九會曼荼羅；2.從九會之中的成身會（根本會）別出的八十一尊曼荼羅；3.圖卷本的

《五部心觀》。在這三種曼荼羅中，依據的典據、圖像及內容都互不相同。其中以弘法大師帶回日本的九會曼荼羅，是日本密教最重視的現圖曼荼羅。

金剛界曼荼羅，是以五佛、四金剛女、內外二種的四供養女、四攝、十六大菩薩等三十七尊為中心。但有的時候，也有以彌勒菩薩等的賢劫十六尊為中心。又有將賢劫千佛代替賢劫十六尊的例子。

在西藏佛教中，以金剛界曼荼羅為首的瑜伽密教曼荼羅，也有許多的實例。

⊙無上瑜伽密教的曼荼羅

以身口意三密相應，使行者證得與佛不二境界的瑜伽密教，在西元七世紀到八世紀時十分的興盛。但是從八世紀的後半到九世紀時，整個印度的佛教，又開始轉型。

這時怛特羅佛教開始興盛。在這種後期密教的思想中，將自己的身心直視為諸佛本尊的曼荼羅，與法界同體無二，因此以生理與心理兩者，相互融和的修法，成為印度佛教後期密宗的修法特色。

無上瑜伽密教，大致可分為如下的三類：

1.父怛特羅（別名方便怛特羅）：這是以主張「方便空」而取名。

2.母怛特羅（別名般若怛特羅）：這是主張「般若大樂」而取名。

3.不二怛特羅：即綜合父方便與母般若兩者的怛特羅。

其中父怛特羅部分，有以《密集金剛》、《大威德金剛》、《毗盧幻化網》等怛特羅，並以此而造父怛特羅的曼荼羅。其中以密集金剛最為重要。

而母怛特羅部分，則有《喜金剛》、《勝樂金剛》、《金剛亥母》等怛特羅，並依此而造母怛特羅的各種曼荼羅。

而不二怛特羅是以《時輪金剛》等怛特羅為主，並依此造不二怛特羅的曼荼羅。

以上是以西藏密教為主，依四類怛特羅所發展出的曼荼羅，將在後續中，以實際的曼荼羅，為大家解說。

第二章 諸尊曼荼羅

十一面觀音曼荼羅

曼荼羅，梵文爲Maṇḍala，玄奘法師意譯爲「輪圓具足」，近代人因爲它有「法壇」與「道場」的意思，所以普遍譯爲「壇城」，是以繪畫的形式，將主尊的壇城表義予以圖像化。壇城的繪製，提供行者作爲觀想方便，因此稱爲主尊壇城，是西藏唐卡的一大品類。

在十一面觀音的曼荼羅中，圖中井字形結構中心，有一尊十一面觀音（梵名

十一面觀音曼荼羅

‥Ekadaśamuka-mahakarunīka-avalokiteśśra），即代表法界以此爲中心開展。由曼荼羅外至內觀察，第一圈是智慧火焰，有紅、藍、綠、黃四色，是表火焰因風烟的變化而呈不同的色相。這層智慧火焰，是觀音壇城的最外圍保護輪。

第二圈灰藍色底，隔著八個部分，代表八大寒林，於此八大寒林中，各各有一寶樹，樹下各坐著一天的主宰（如帝釋天、大自在天、那羅延天等都是婆羅門諸神的轉化），此外寒林中有羅剎、藥叉、沙門、武士、餓鬼、畜生等，象徵天人六道其實都處於生死輪迴，亦即是「無常」的表義。另一謂八大寒林中各有八物：樹、舍利塔、雲、水、火、瑜伽士、護法、食肉鷹。

第三圈畫各色的蓮瓣，是爲蓮座，藍圈是表海波，即指蓮花所生長的智慧海，亦是聖凡的分界，由此以內，才進入主尊的宮殿。

進入聖境之後，再由內向外觀察。

井字形的宮殿中間，是主尊十一面觀音，八臂立像，正手合掌印，右持數珠、輪、施願印；左手持蓮華、弓矢、瓶。觀音屬蓮花部故，部主阿彌陀佛（Amitāba）在其頂上。四周八葉蓮瓣上，東方不動佛（Aksobhya）藍色，南方寶生佛（Ratnasambhava）黃色、西方毗盧遮那佛（Vairocana）白色（與主尊蓮花部位置對調），北方不空成就佛（Amoghasiddhi）綠色。代表五部主尊。由此向四方投射，分成白、黃、紅、綠四種色光——東方白色、南方黃色、西方紅色、北方綠色。依順時針方向旋轉，分別代表諸法的生、住、異、滅。

然後爲本尊宮殿五重內城的城牆，由內至外，紅色的一圍代表供臺、黃色的一圍代表屋簷、黑色的一圍上懸金色瓔珞代表莊嚴，灰藍的一圍代表護城河，最外白色的一圍代表斜坡。並有寶幢、寶傘、寶幡飄揚。

這樣，自外而內地層層以圓形集中，再由中心層層以方形放射，壇城的結構井然有序。

附圖爲黃教的唐卡，所以最上方中尊是黃教祖師宗喀巴，其左、右則爲該教派的大喇嘛；最下方依次是白度母、六臂大黑天、黃財神、綠度母。

大白傘蓋佛母曼荼羅

壇城中尊爲二臂大白傘蓋佛母（梵名：Sitātapatrā），此佛母有大威力，放光明表覆蓋一切眾生；以大白傘蓋爲三昧耶形，故名爲大白傘蓋佛母。在八瓣蓮花上，是四勇父與四勇母。在佛母的前方是白色的忙莽雞（Māmakī），右方爲黃色的佛眼佛母（Locanā），後方是紅色的白衣（Pāṇḍara），左方是綠度母（Tārā）。

壇城的最上方是金剛持，其右方是阿底峽尊者。

在壇城的下方中尊是獨母吉祥天（Ekamatri-srī）兩邊是黃財神及大黑天。

大白傘蓋佛母曼荼羅

法界語自在曼荼羅

法界語自在（文殊）（梵名：Aṣṭabhuja-dharmadhātu-vāgiśvara-mañjughosa）曼荼羅，在梵語及西藏語殘存之阿巴雅喀拉．古普達編的「尼休潘納．瑜伽罠利」曼荼羅集中，有詳細的說明。

此曼荼羅的構造及諸尊的位置，整體爲金剛界形式，由三重構成，是具有四門之「金剛堤」的圖形外壁，所包圍而成的宮殿。諸尊的構成以主尊文殊爲首，以及印度教的神祇及宿星等，共一九九尊構成。

◎第一重諸尊

第一重中院位於須彌山上，宮殿的中央，有開敷蓮花。花蕊上有師子，其上有開敷蓮花及圓月。文殊以金剛結跏趺坐在上面，其身體顏色是如同太陽曙光般的金黃色，身穿翠綠色的妙衣，冠上飾有金剛、寶珠、蓮花、十字金剛（羯磨金

法界語自在曼荼羅

剛）杵，戴著五佛的寶冠，以各種寶石裝飾衣服。

四面各爲黃、青、紅、白色。擁有八臂，兩手結轉法輪印，右手各拿劍、箭、金剛杵，而左手各持般若經典、弓、金剛鈴。

八片蓮瓣之上，各有師子，其上有蓮月。四方有大佛頂（東方）、白傘蓋佛頂（南方）、光佛頂（西方）、最勝佛頂（北方）。

斜角四方有除障佛頂（東北方）、發生佛頂（東南方）、大發生佛頂（西南方）、勝佛頂（西北方）。

這些八佛頂，以金剛結跏趺坐，頭戴寶冠，身體爲黃色，擁有兩臂，右手擎舉法輪，左手放在座上。

第一重東院中央爲阿閦如來，以象王爲座，身體是青色，有四面，根本面是青色，右白、後黃、左紅、露出牙齒。擁有八臂，右手分別拿著劍、金剛杵、箭、鉤，左手分別持期剋手印、鈴、索、弓。

其四周爲金剛薩埵（前方）、金剛王（右方）、金剛愛（左方）及金剛喜（後方）。

第一重南院中央是爲寶生如來，以馬爲座，身體爲黃色，有黃、黑、白、紅四面（依根本面、右面、後面、左面之順序）。擁有八臂，右手分別拿金剛杵、劍、箭、鉤。左手分別持如意珠幡、金剛鈴、索、弓。

其四周爲金剛寶（前方）、金剛光（右方）、金剛幢（左方）、金剛笑（後方）。

第一重西院中央爲阿彌陀如來，以孔雀爲座，紅、黑、白、黃四面（根本面與身體的顏色一致）。有八臂，右手分別拿金剛杵、箭、劍、鉤，左手分別持蓮花、弓、索、鈴。

其四周爲金剛法、金剛利、金剛因、金剛語。

第一重北院中央是不空成就如來，以鳥爲座。身體爲綠色，有四面，根本面是綠色且露出牙齒，右黃、後紅、左白；有八臂，右手分別拿劍、金剛杵、箭、鉤，左手分別持期剋手印、鈴、弓、索。

四周爲金剛業、金剛護、金剛牙、金剛拳。

阿閦如來等四如來，以金剛結跏趺坐，坐在自己座騎上方的開敷蓮月上面，衣服瓔珞莊嚴，頭戴寶髻冠。

金剛薩埵等十六菩薩，坐在東方隅等方位的開敷蓮月上，姿態為金剛界曼荼羅的姿態。

第一重四隅有開敷蓮月，其上有佛眼佛母（東北方）、忙莽雞（東南方）、白衣佛母（西南方）、度母（西北方）。至於姿態，各與文殊（文殊在此曼荼羅位居大日如來的位置）、阿閦如來、阿彌陀如來、不空成就如來一樣。

第一重四門，東門是金剛鉤，身紅白色，手持金剛杵及鉤，雙腳採展右姿勢。南門是金剛索，身黃色，手持金剛杵及索，採展左姿勢。西門是金剛鎖，身紅色，兩手拿著金剛杵及鎖，雙腳採用射手的姿勢。北門有金剛鈴，身綠色，依金剛縛而手持金剛杵及鈴，雙腳採曼荼羅，盤達（圓腳）姿勢。

此四菩薩都在開敷蓮月之中，擁有二臂、一面三眼，頭髮為褐色且上揚，鬍鬚也是褐色的，飾有八龍。

◉第二重諸尊

第二重東壇，從東北往右方旋轉，依順序是十二地女，皆爲二臂，右手拿金剛杵，左手持著各自的標幟。分別是：

勝解行地女、歡喜地女、無垢地女、明地女、焰惠地女、難勝地女、現前地女、遠行地女、不動地女、善惠地女、法雲地女、普光地女。

第二重南壇，有十二般若女，都是二臂，右手持如意珠幡，左手拿著各自的標幟（印相）。但是，般若波羅蜜多女比其他波羅蜜多女多出二臂。分別是：

寶波羅蜜多女、施波羅蜜多女、戒波羅蜜多女、忍波羅蜜多女、精進波羅蜜多女、禪波羅蜜多女、般若波羅蜜多女、方便波羅蜜多女、願波羅蜜多女、力波羅蜜多女、智波羅蜜多女、業波羅蜜多女。

第二重西壇，有十二自在女，都是二臂，右手持蓮花，左手持著各自的印相。分別是：

命自在女、心自在女、財自在女、業自在女、生自在女、神通自在女、勝解自在女、願自在女、智自在女、法自在女、如是自在女、佛菩提光自在女。

第二重北壇，有十二陀羅尼女，右手都是持十字金剛杵，左手持著各自的印相。分別是：

善意陀羅尼女、寶炬陀羅尼女、勝佛頂陀羅尼女、疫病陀羅尼女、葉衣陀羅尼女、常瞿利陀羅尼女、無量門陀羅尼女、準胝陀羅尼女、勝智陀羅尼女、除一切業障陀羅尼女、無盡智篋陀羅尼女、持一切佛庫陀羅尼女。

第二重四門，東門是法無礙解女，南門是義無礙解女，西門是辭無礙解女，北門是辯無礙解女。

第二重四隅，東南隅是嬉女，西南隅是鬘女，西北隅是歌女，東北隅是舞女。

⊙第三重諸尊

第三重東壇，尊位從東北開始分別是：普賢菩薩、無盡意菩薩，地藏菩薩，虛空藏菩薩。

第三重南壇，分別為：虛空庫菩薩，寶手菩薩，大海惠菩薩，金剛藏菩薩。

第三重西壇，分別爲：觀世音菩薩，勢至菩薩，月光菩薩，網明菩薩。

第三重北壇，分別爲：無量光菩薩，辯積菩薩，除憂闇菩薩，除蓋障菩薩。

以上十六菩薩都是以半跏趺的坐姿，坐在開敷蓮花上之月座上。頭戴寶冠，以各種的寶衣莊嚴，各爲一面二臂。

第三重四門，東門是閻曼德迦，南門是無能勝明王，西門是馬頭明王，北門是軍荼利明王。

第三重四門四隅及上下爲十忿怒明王。

第三重四隅外之左右，東南是金剛花，金剛色；西南是金剛香，金剛聲；西北是金剛燈，金剛味；東北是金剛塗香，金剛觸。

以上八尊皆有二臂，頭戴寶冠，飾有各種衣服及寶石，以半跏趺坐在月輪之中。

金剛界曼荼羅

一般的金剛界曼荼羅，如果詳細分類，可分成三種。一是以九個部分合成九會的曼荼羅；二是從九會之中的成身會（根本會）別出的八十一尊曼荼羅；三是圖卷本的《五部心觀》。

金剛界曼荼羅，是以五佛、四金剛女、內外二種的八供養女、四攝、十六大菩薩等三十七尊爲中心；但有時也有以彌勒菩薩等賢劫十六尊爲中心；又有以賢劫千佛代替十六尊的例子。

在藏傳佛教中，也有以金剛界曼荼羅爲首的瑜伽密教曼荼羅，以下即介紹金剛界曼荼羅。

◉五智如來

1—毗盧遮那如來

2—阿閦如來

3—寶生如來

4—阿彌陀如來

5—不空成就如來

◉十六大菩薩

6—金剛薩埵菩薩

7—金剛王菩薩

8—金剛愛菩薩

9—金剛喜菩薩

10—金剛寶菩薩

11—金剛光菩薩

12—金剛幢菩薩

13—金剛笑菩薩

14—金剛法菩薩

15—金剛利菩薩

16—金剛因菩薩

17—金剛語菩薩

18—金剛業菩薩

19—金剛護菩薩

20—金剛牙菩薩

21—金剛拳菩薩

◉四波羅蜜菩薩

22—金剛波羅蜜菩薩

23—寶波羅蜜菩薩

24—法波羅蜜菩薩

25—羯磨波羅蜜菩薩

◉八供養菩薩

26—金剛嬉菩薩

27—金剛鬘菩薩

28—金剛歌菩薩

29—金剛舞菩薩

30—金剛香菩薩

31—金剛華菩薩

32—金剛燈菩薩

33—金剛塗香菩薩

◉四攝菩薩

34—金剛鉤菩薩

35—金剛索菩薩

36—金剛鏁菩薩

37—金剛鈴菩薩

◉賢劫十六尊

38—彌勒菩薩

39—不空見菩薩

40—滅惡趣菩薩

41—除憂暗菩薩

42—香象菩薩

43—大精進菩薩

44—虛空藏菩薩

45—智幢菩薩

46—無量光菩薩

47—月光菩薩

48—賢護菩薩

49—光網菩薩

50—金剛藏菩薩

51—無盡意菩薩

52—辯積菩薩

53—普賢菩薩

西藏的金剛界曼荼羅

西藏金剛界曼荼羅諸尊位置圖

一切智大日如來曼荼羅（普明曼荼羅）

一切智大日如來曼荼羅，壇城中央主尊爲一切智大日如來（梵名：Sarvavid Vairocana），四面二臂，手結法界定印，其四方爲四佛，四隅爲四金剛女，其第三輪的十六尊（可能是賢劫十六尊）、圓輪外部四隅的內四供養、以及四邊形四邊、四隅的十六大菩薩、外四供養、四門的四門護（四攝菩薩）等全部四十八尊。

一切智大日如來是毗盧遮那佛的一種，身白色，從此尊有四面看來，似乎與金剛界曼荼羅相同；但從其印相與定印來看，又不同於金剛界系，似乎較接近胎藏系。其實從《惡趣清淨》軌與惡趣清淨曼荼羅出現了胎藏系的諸尊，如佛眼（Locana）、忙莽雞（Māmakī）、白衣（Pāṇḍara）、度母（Tārā）等四明妃而言，其與胎藏系曼荼羅不無關係。

此曼荼羅中尊並不是金剛界的大日，四佛的名稱也異於金剛界系；今將其名稱、方位、身色、印相等，列表如下。

尊名	方位	身色	印相
一切智	中央	白	定印
惡趣清淨	東	白	定印
尊勝	南	青	觸地印
釋迦族王	西	赤	轉法輪印
寶花	北	綠	施無畏印

從内容來看，可視之爲金剛界五十三尊（三十七尊和賢劫十六尊）的曼荼羅。以下分別說明諸尊。

1—一切智毗盧遮那如來
2—一切惡趣清淨王如來
3—寶幢如來
4—釋迦族主如來
5—開敷華王如來
6—佛眼菩薩
7—忙莽雞明妃
8—白衣菩薩
9—多羅菩薩
10—金剛薩埵
11—金剛王
12—金剛愛
13—金剛喜
14—金剛寶
15—金剛光
16—金剛幢
17—金剛笑
18—金剛法
19—金剛利
20—金剛因
21—金剛語
22—金剛業
23—金剛護
24—金剛牙
25—金剛拳
26—金剛嬉
27—金剛鬘
28—金剛歌
29—金剛舞
30—金剛華
31—金剛香
32—金剛燈
33—金剛塗香
34—金剛鉤
35—金剛索
36—金剛鎖
37—金剛鈴

一切智大日如來曼荼羅

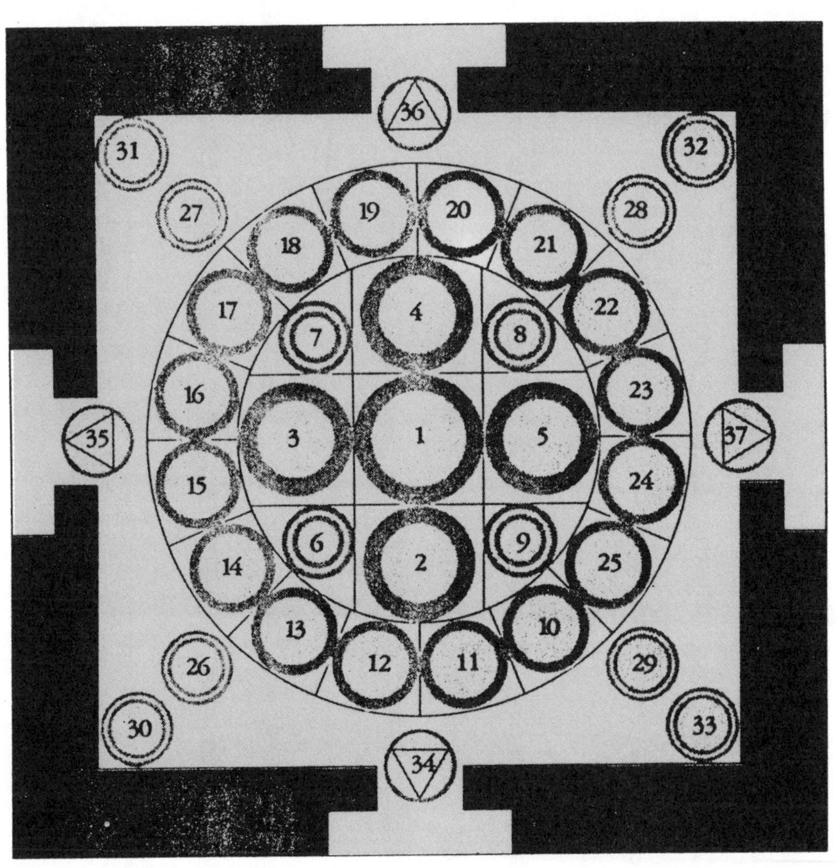

一切智大日如來曼荼羅諸尊位置圖

密集金剛曼荼羅

《秘密集會怛特羅》是密教無上瑜伽父怛特羅的代表經典。又稱《秘密集會》。相當於漢譯本爲宋·施護所譯的《一切如來金剛三業秘密大教王經》七卷（收在《大正藏》第十八册）。

全書由十八分組成，前十七分稱爲《根本怛特羅》，最後一分稱爲《續怛特羅》。書中所提的以五佛、四佛母（五蘊、四大之象徵）爲中心的曼荼羅，對於主張阿閦佛三十二尊曼荼羅的聖者流，以及主張文殊金剛十九尊曼荼羅的智者流影響頗鉅。

無上瑜伽怛特羅（anuttarayogatantra）依其性質，通常可分爲三部分，即雙入（yuganaddha）、般若（prajñā）、方便（upāya）等三種怛特羅。《西藏大藏經》中的十萬怛特羅，即依此順序作整理。雙入怛特羅，又名無二（advaya）怛特羅，相當於與時輪（kālacakra）有關的怛特羅。般若怛特羅，又名

密集金剛曼荼羅

母（ma）怛特羅，有六族平等、毗盧遮那、金剛日、蓮華舞自在、上馬、特金剛等六族。方便怛特羅，又名父（pha）怛特羅，有阿閦、毗盧遮那、寶生、無量光、不空成就、持金剛等六族。

《秘密集會怛特羅》（Guhyasamājatantra, gSaṅ ba ḥdu ppa）屬於方便（父）怛特羅中的阿閦族。通常無上瑜伽部的怛特羅，是以根本（mūlatantra）怛特羅爲中心，另附隨有〈續怛特羅〉（uttaratantra）或〈釋怛特羅〉，此《秘密集會怛特羅》即屬阿閦族之根本怛特羅，古來在印度及西藏兩地頗受重視。

在壇城的中央圓形井字中，主尊密集金剛（梵名：Guhyasamaja），又名密集不動金剛，爲無上瑜伽部父續主要本尊。

此尊有三頭六臂三目。居中黑藍臉，右白臉，左紅臉，表法身、報身、化身。六臂之中央右手持金剛杵，左手持金剛鈴，表不動佛之大圓鏡智；其餘右上手持法輪，表毗盧遮那佛之法界體性智；右下手執蓮花，表阿彌陀佛之妙觀察智；左上手持寶劍，表不空成就佛之成所作智；左下手執摩尼寶，表寶生佛之平等性智。

明妃爲「可觸金剛母」（Sparśavajrā），手持法器與本尊相同。

雙尊均戴五佛冠，著天衣，珠寶瓔珞莊嚴、報身佛的種種莊嚴悉皆具足，交抱坐於蓮花月輪之上。

其四方分別是：東方毗盧遮那佛、南方寶幢佛、西方阿彌陀佛、北方不空成就佛。在此曼荼羅中的特色是諸尊皆爲三面六臂。

四隅分別是：東南隅佛眼菩薩（Buddhalocanā），西南隅忙莽雞明妃（Māmakī），西北隅白衣菩薩（Pāṇḍaravāsinī），東北隅度母（Tārā）。

圓輪和外部之間的方形框中，繪有色金剛女（Rūpavajrā）等五金剛女、彌勒等的八大菩薩、閻曼德迦（Yamāntaka）爲代表的十忿怒尊等等。

喜金剛曼荼羅

在母怛特羅中，成立較古，且影響很大的是「喜金剛怛特羅」。

喜金剛曼荼羅，在具有四門的方形的內部，繪有八葉蓮瓣，本尊喜金剛位於中央，在其四周圍繞著八明妃。

喜金剛（梵名：Hevajra），藏名「吉多杰」，漢譯稱喜樂金剛、努刀金剛、具德飲血、遊戲金剛、呼金剛等。

喜金剛身藍色，八面十六臂，各面三目，褐髮朝天，以斑杵及五骷髏頭爲頭飾，骨鬘飾身。左右中央兩手持顱器擁明妃，餘手皆持白顱器，右八手的顱器中分別有大象、馬、驢、公牛、駱駝、人、獅子、貓等；左八手顱器內分別有地母、水神、火神、風神、太陽、月亮、閻王、財神等。

八面中三面在前，中藍左紅右白，四面在後爲黑色，頂面爲青煙色。有四條腿，右腿屈立，左腿半盤，呈丁字舞姿，立於蓮花日輪座上，足下壓伏著四魔。

喜金剛曼荼羅

明妃意爲「金剛無我瑜伽母」，身青灰色，一頭三目，右手持鋼刀，左手持顱器，左腿屈立，右腿緊纏佛父腰部。

八明妃分述如下：

遨哩明妃（Gaurī，藏文作 Dkar-mo）在東門，陬哩明妃（Caurī，藏文作 chom-rkum）在南門，尾多哩明妃（Vettāli，藏文作 Ro-laṅs-maā.）在西門，渴三摩哩明妃（Ghaśmarī）在北門，卜葛西明妃（pukkasī）在伊舍那方（東北隅），設囉哩明妃（śavarī，藏文作 Rikhrod-ma）在火天方（東南隅），贊拏哩明妃（Cāṇḍālī，藏文作 Gdol-ba-ma.）在羅刹方（南西隅），拏彌尼明妃（Ḍombinī，藏文作 Gyuṅ-mo）在風天方（北西隅）。這八明妃作右半跏趺之舞蹈姿，各手中所持之物如下所述：

明妃	右手	左手
遨哩明妃（Gauri）	寶刀（藏 Khrī-gu.）	囉賀（Varāka 藏文作 phag-pa.）
陬哩明妃（Cauri）	奎樓鼓（藏 Caṅ-teḥu）	磨羯魚（Rohita?）
尾多摩哩明妃（Vettālī）	龜（藏 Ru.）	蓮華器（藏 Padmaḥisnod）
渴三摩哩明妃（Ghasmarī）	蜃龍（藏 Sbrul-ba.）	蓮華器(藏 Padmaḥisnod.)
卜葛西明妃（Pukkasī）	師子（Siṃha，藏文作 Seṅ-ge.）	鉞斧（Kṣurapra，藏文作 Sta.）
設哩明妃（Śavarī）	比丘像（Pratikṛti?）	錫杖（Khakkara，藏文作 Gsibbyced）
贊拏哩明妃（Gaṇḍāli）	八輻輪(藏 Hkhor-lo-rgyad.)	梨具（Kapāla，藏文作 Thod-pa.）
拏彌尼明妃（Ḍombinī.）	金剛杵（Vajra，藏文作 Rdo-rje.）	期剋（藏 Bsdigs-mdsub）

此曼荼羅的外周輪，異於一般的曼荼羅；由外向內有火焰輪、金剛杵輪、成就者輪等三重構造；尤其是繪有成就者的各種英姿的成就者輪，更是絕無僅有。

又，同樣是無上瑜伽密教系的曼荼羅，此曼荼羅的尊像，不像勝樂金剛曼荼羅尊像那樣、頭部都向外呈放射狀，而是呈天地狀。由此看來，這曼荼羅的年代可能是更爲古老的。

勝樂金剛曼荼羅

以勝樂金剛曼荼羅和較早期的喜金剛曼荼羅相比，前者較為完整，諸尊的數目較多。

勝樂金剛曼荼羅的特色，是在方形之中，有五重同心圓。由內向外依次是：大樂輪、意密輪、口密輪、身密輪、三昧耶輪五層，總共六十二尊。

勝樂金剛（梵名：Samvara，藏名：bde-mchog），亦名上樂金剛。勝樂金剛有七十二種身相，常見的四面十二臂，還有一面二臂、一面六臂和黃色上樂等，都是雙身像。

此曼荼羅大樂輪中央的主尊勝樂金剛，通常是四面十二臂，四面顏色分別為白、黃、紅、藍，表意分別為息災、增益、敬愛、降伏四德。三目，戴五佛頭骨冠，身著虎皮裙。髮束髻，髮髻前有雙金剛，頭頂有一法輪，上有摩尼寶莊嚴，頭頂左上方有一白色半月。身掛五十個人頭骨鬘和人骨念珠做成的佩飾，象徵梵

勝樂金剛曼荼羅

文五十個字母即具足完全的佛教經典教理。有十二隻手臂，分別持有金剛杵、金剛鈴、象皮、斧、人頭骨碗、月形刀、套索、三叉戟、手鼓、人骨棒等法器。兩腳一伸一彎，右腳踏著大自在天妃，左腳踏著大自在天，表示降伏了憤怒和貪欲。明妃爲紅色一面二臂的金剛亥母（Vajravarāhi），紅臉三目，手持鋼刀、顱器，也以五十人頭骨鬘作佩飾。

在第二重輪有放射狀的八葉蓮瓣，四隅有聖瓶，四方有荼吉尼（Dākini），喇嘛（Lāmā），康達羅哈（Khaṇḍarohā），魯皮尼（Rūpiṇi）的四瑜伽女。

從第三重輪到第五重輪是意（青色）、口（赤色）、身（白色）的三輪，三密相對應於阿閦佛、阿彌陀佛、毗盧遮那佛等三尊的身色。各輪有八尊的荼喀（ḍāka）和荼吉尼（ḍākini）。這些都是雙身相的男女瑜伽者。

三昧耶輪的四門分別是：東方，烏頭女（Kākasyā）；北方，梟頭女（Ulūkāsyā）；西方，狗頭女（Śvānāsyā）；北方，豬頭女（Śūkarāsyā）等四門守護者。

金剛亥母曼荼羅

此金剛亥母壇城圖是由噶舉派傳承而來。此幅壇城的上方是噶舉派的五位傳承祖師：金剛持、帝洛巴、那洛巴、馬爾巴、密勒日巴，下方是大黑袍金剛與大黑天兄妹等三位護法。

壇城的外圍，有紅、藍、黃、綠四色波紋，表示般若火焰，因風煙的變化而呈現不同的色相，它的作用是保護壇城，故以智火烈焰周匝圍繞。

第二圈以金剛杵圍繞，代表由主尊「智慧堅固」的本質所構成，稱爲金剛牆垣、金剛地基或金剛帳幕。

第三圈是髑髏瓔珞，代表八大尸林，亦是無常的表義。

壇城圖中央，是兩個三角錐體交疊的「生法宮」，代表攝聚生命的能量。拙火瑜伽所修行的拙火，即是由生法宮所生起。

生法宮正中央蓮花上是金剛亥母本尊（Vajrāvarahī），因其爲豬頭人身，

金剛亥母曼荼羅

名爲亥母。身紅色，一面二臂，右手執金剛鉞刀，左持盛滿鮮血的顱器，左脅肩挾倚著代表勝樂金剛的「卡章嘎」天杖（Khatvānga）。以舞蹈姿立於蓮花日輪屍座上。

四周四朵蓮花上有四位空行母，前方爲東方藍色金剛空行母（Pākini），持杵柄之鋼刀，屬頂輪。右爲南方黃色寶生空行母（Rūpini），持寶柄之鋼刀，屬喉輪。後方紅色蓮花空行母（Khandarohā），持蓮柄鋼刀，屬心輪。左爲北方綠色不空成就母（Lāmā），持劍柄之鋼刀，屬臍輪。金剛亥母，屬密輪，合爲五輪。

修行者以此觀想修持，依上師所教授，修習生起、圓滿等次第，進而成就悉地。

大威德金剛能怖曼荼羅

大威德明王（梵名：Yāmantaka，藏名：Gśin-rje gśed），五大明王之一，或八大明王之一。梵名閻曼德迦，意爲摧殺閻摩者，故別號降閻摩尊。此外，又作大威德尊、大威德忿怒明王、六足尊。在東密現圖曼荼羅中，此尊位於胎藏界持明院。

此尊的形像，有多種。依《大日經疏》中云：「降閻摩尊是文殊眷屬，具大威勢，其身六面、六臂、六足，水牛爲座，面有三目，色如玄雲，作極忿怒之狀。」其有坐像及立像，頂上三面之中央爲菩薩形，上方則有化佛，爲阿彌陀佛，表示其自性輪身爲無量壽佛。

而大威德金剛爲無上瑜伽密續主要本尊，在藏密中視爲文殊菩薩化身的忿怒相，表其有調伏怨敵的功德，爲密教中常見重要之本尊。

壇城中央主尊爲大威德金剛，外圈綠、黃、藍、紅成爲火焰狀，表般若烈焰

大威德金剛能怖曼荼羅

，次爲金剛杵圍繞的守護輪表結界，再爲雜色蓮瓣，內爲壇城，藍色表金剛部，黃色表寶生部，紅色表蓮花部，綠色表羯磨部。

曼荼羅中央成井字形，中央爲身色青黑的閻曼德迦，具九面三十四臂、十六足，以踡右展左勢而住於熾烈火中。其佛母爲金剛起屍母、藍色，一面二臂，右手揚執鋼刀，左手擎溢血顱器、骨飾莊嚴，與父佛雙運於熾焰烈火聚中，卓然而住。

四方分別是：東方的癡獄帝主（Mohayāmarāi），南方的吝獄帝主（Matsaryayamāri），西方的貪獄帝主（Rāgayamāri），北方的嫉獄帝主（Irsyaỵāmāri）。

四門：東門是椎獄帝主（Mudgalayamamāri），南門是杖獄帝主（Daṇḍayamāri），西門是蓮獄帝主（Padmayamāri），北門是劍獄帝主（Khaḍgayamāri）。

於四方及四門佛父皆抱之明妃。

四角：東南隅是匝喇咨嘎（Carcika），西南隅是亥母（Vārāhī），西北隅是雅音佛母（Sarasvatī），東北隅是鍋哩（Gaurī）。

時輪金剛曼荼羅

時輪金剛（梵名 Kālacakra），為藏密無上瑜伽部之無二瑜伽續。是世尊釋迦牟尼佛成道後，應北方香巴拉國王月賢所請，於南印度功德山宣說一萬二千頌時輪根本續。

月賢王受法後，返回香巴拉國，用五珍寶建立時輪巨大壇城。結集根本經典，外加詳註，成六萬言，即令王子那旺受持是經，如是父子代代相傳，歷經七王，每一法王在位百年，於根本續及大註解，依世尊密記，遞相傳授，其後此法亦流傳至印度與西藏。

主尊時輪金剛，與佛母交抱以雙運相，立於蓮花及日、月、彗星輪之上，兩足踩大自在天與天母，表摧伏貪、瞋諸障。父佛具有四面，二十四臂，正面藍色、右紅、左白、後黃，各有三目，上八臂白色，中八臂紅色，下八臂藍色，右足紅色，左足白色，頭髮頂髻以金剛杵為飾，上著天衣，下穿虎皮裙，身佩珠寶瓔

時輪金剛曼荼羅

珞，具足一切報身佛的莊嚴。

手中持物自上而下，右分別爲：鋼斧、寶杖、矛、法輪、鎚、法鼓、鈎杖、箭、鋼刀、三叉杖、寶劍、金剛杵。左爲四面梵天首、鈎鍊、鏡、白螺、蓮花、摩尼寶、索、弓、顱器、三士夫首法杖、盾牌、金剛鈴。

佛母四面爲中黃、左紅、右白、後藍，各有三目。右四臂手持鋼刀、鈎杖、法鼓、數珠，左四臂持顱器、繩索、白蓮、摩尼寶。

修持此本尊法，可令兵災戰爭及一切災劫平息，促進和平安寧，風調雨順，五穀豐收，國泰民安，往生本尊淨土香巴拉國。

時輪金剛曼荼羅是密教無上瑜伽部曼荼羅的總集，壇城外圍中有無量諸神及星宿等，顯現出宇宙重重無盡的豐富生命萬相。

時輪金剛曼荼羅有時也不一定以尊像（大曼荼羅）表現，而以持物、種子字等表現的三昧耶及法曼荼羅。

佛教小百科3

《密教曼荼羅圖典一—總論•別尊•西藏》

主　　編　全佛編輯部
執行編輯　蕭婉甄、劉詠沛、吳霈媜
出　　版　全佛文化事業有限公司
永久信箱：台北郵政26-341號信箱
訂購專線：(02)2913-2199
傳真專線：(02)2913-3693
發行專線：(02)2219-0898
郵政劃撥：3199717004240　合作金庫銀行大坪林分行
戶名：全佛文化事業有限公司
E-mail：buddhall@ms7.hinet.net
http://www.buddhall.com
門　　市　心茶堂•新北市新店區民權路95號4樓之1（江陵金融大樓）
門市專線：(02)2219-8189
行銷代理　紅螞蟻圖書有限公司
台北市內湖區舊宗路二段121巷19號（紅螞蟻資訊大樓）
電話：(02)2795-3656
傳真：(02)2795-4100

一九九九年十一月　初版
二〇一三年六月　初版三刷
定價新台幣　二四〇元
ISBN　978-957-8254-59-6（平裝）

Published by BuddhAll Cultural Enterprise Co.,Ltd.

國家圖書館出版品預行編目資料

密教曼荼羅圖典.1, 總論•別尊•西藏 / 全佛編輯部主編- - 初版. -- 臺北市：全佛文化, 1999[民88]
面；　公分. - (佛教小百科系列；3)
ISBN 978-957-8254-59-6(平裝)

1.佛像　2.藏傳佛教

224.6　　88015254